Comprensión Lectora:
Un Regalo para la Vida

Con estrategias y carteles incluidos

Carmen Iris Rivera Ayala, Ed.D.

Arte de portada:	Alexandra Esteves
Editoras:	Dra. Migdalia López Carrasquillo Prof. Evelyn López
Impresión:	Prime Printing 787.751.7591 primeprinting@gmail.com

© Reservado todos los derechos.
Prohibida la reproducción total o parcial de este libro por cualquier medio.

La autora está disponible para conferencias, seminarios o talleres. Teléfono 787-435-7855 o al email yadymar2003@yahoo.com

*A ustedes, mis padres,
porque me enseñaron a luchar por mis sueños.
Gracias.*

Prólogo

Este trabajo surge como respuesta a mis colegas, quienes me han preguntado sobre la comprensión lectora y algunas estrategias prácticas y efectivas para lograr la comprensión lectora. Se produjo en días intensos de reflexión después del paso del Huracán María por Puerto Rico. Un momento histórico para todos. Durante las madrugadas, con poca luz, imitando a los grandes escritores con los cuales crecí y me sumergí en ese mundo fascinante de las letras, así redacté este regalo para ti. La elaboración del mismo, tuvo lugar como un relámpago fugaz en momentos de oscuridad. Sin embargo, no deja de ser un trabajo fundamentado en teorías y prácticas apropiadas para lograr la comprensión lectora. Se presentan una breve explicación sobre el complejo proceso de comprensión lectora, con varias estrategias y algunas reflexiones sobre esas prácticas. Dejo este trabajo en tus manos con la ilusión de compartir un regalo de aprendizaje.

Carmen I. Rivera Ayala

Contenido

Palabras iniciales..13
La comprensión lectora...19
Las inferencias...35
La formulación de hipótesis y las predicciones....................43
Pensamiento crítico...47
Relación entre comprensión lectora, lectura crítica,
pensamiento crítico y crítica literaria...................................55
Un modelo de comprensión lectora.....................................61
Niveles de comprensión lectora..69
Estrategias que se proponen para la comprensión lectora..........75
   DURANTE LA LECTURA..77
- Identificar el tipo de texto...79
- Subraya, circula y anota..85
- Graffiti..89
- Me divierto, leo y aprendo...91
- Diario doble entrada..95

   DESPUÉS DE LA LECTURA...99
- Organizadores gráficos...101
- Leo, pienso y critico...115
  - Primera fase: Recibir información.....................117
  - Segunda fase: Procesar información..................119
  - Tercera fase: Producir información...................120
- Las críticas literarias..123

Palabras finales..139
Referencias..143
Sobre la autora..151

Lista de figuras

Figura 1   Concepción de la enseñanza del
            lenguaje 17

Figura 2   El proceso de comprensión lectora
            según lo describe Van Dijk y Kintsch 24

Figura 3   Los procesos de comprensión lectora
            que permiten pasar de una micro
            estructura a una macroestructura
            según lo describe Van Dijk y Kintsch 26

Figura 4   Proceso de comprensión lectora 32

Figura 5   Proceso de inferencia 40

Figura 6   La relación entre comprensión lectora
            y pensamiento crítico 65

Figura 7   Modelo de comprensión lectora que
            ilustra la integración de los procesos
            de pensamiento 67

Figura 8   El proceso de comprensión lectora en
            relación con el desarrollo del
            pensamiento crítico 73

Figura 9   Esquema que ilustra el contenido de
            un texto según la intención del autor 81

Figura 10   Relación entre el conflicto y el
            desenlace para identificar la idea
            central 82

Figura 11	Dónde fijar la mirada según el tipo de texto	84
Figura 12	La estrategia Subraya, circula y anota	86
Figura 13	La estrategia del Graffiti	89
Figura 14	Modelo de ficha para juego	91
Figura 15	Tablero de juego para aplicar estrategia	92
Figura 16	La estrategia Diario doble entrada	97
Figura 17	La estrategia de la oruga para resumir	103
Figura 18a	Organizador gráfico para ilustrar los elementos de la narración	104
Figura 18b	Organizador gráfico para ilustrar los elementos de la narración	105
Figura 18c	Organizador gráfico para ilustrar los elementos de la narración	106
Figura 19a	Cómo apoyar la idea central	107
Figura 19b	Cómo apoyar la idea central	108
Figura 20	Cómo inferir el propósito del autor	109
Figura 21a	Relación entre las palabras y los conceptos causa y efecto	110
Figura 21b	Relación entre las palabras y los conceptos causa y efecto	111

Figura 21c	Relación entre las palabras y los conceptos causa y efecto	112
Figura 22	La estrategia Imagina las escenas	114
Figura 23	Plantillas para guiar la redacción de críticas literarias	125

Carteles incluidos

- Inferencia
- Identifica tipo de texto
- Identifica qué tipo de texto es...
- Idea Central
- Estrategia: Subraya, circula y anota
- Resumen de la historia
- Estrategia: Organizadores gráficos
- Estrategia: Imagina las escenas
- Estrategia: Grafiti
- Estrategia: Diario doble entrada

"Importa, para que los individuos tengan la capacidad de juzgar y opinar por sí mismos, que lean por su cuenta"
Harold Bloom

Palabras Iniciales

> *Se dice que entre las palabras*
> *más tristes de este mundo están:*
> *"si hubiera sido". Solo aquel que domina*
> *la inferencia puede comprender la*
> *profundidad que abarcan estas palabras.* CIR

L a cita anterior es reflejo de la complejidad que implica comprender un texto en el cual las palabras denotan y connotan un significado que el sujeto es capaz de recuperar cuando ha aprendido ciertas destrezas. La comprensión de un texto permite aprender y ampliar los esquemas mentales. Es por eso que la lectura es una de las actividades más necesarias en nuestras vidas, porque nos brinda acceso al conocimiento en todas las áreas del saber. Por otro lado, las personas que aprenden a comprender los textos tienen mayor oportunidad de crecimiento y acceso al mundo globalizado. Sin embargo, la comprensión lectora es también una de las actividades más complejas cuando se trata de los procesos de enseñanza y aprendizaje.

En estos tiempos, la enseñanza de la lectura debe ser crítica, reflexiva y creativa; para permitir una posición diferente del alumno y del docente durante todo el proceso. Para esto, los programas deben aspirar a ir más allá de la memoria y la codificación de un texto. Es necesario que se utilice la información y la manera en cómo el individuo sea capaz de incorporar la información en la vida cotidiana. Cuando esto ocurra, el alumno disfrutará más el aprendizaje, adquirirá un conocimiento profundo y duradero, que podrá ser aplicado a otros contextos de la vida para resolver problemas.

También se necesita que el maestro, como conocedor de su disciplina, se acerque al lenguaje y reconozca todos los factores que intervienen en el mismo. En este aspecto es meritorio que el maestro identifique, estudie, investigue, seleccione y sugiera los textos más apropiados según los intereses y necesidades del estudiante. Así, el texto se convertirá en un pretexto para lograr otros textos. Es decir, mediante el acceso a las lecturas, se logran otros conocimientos concernientes al lenguaje mismo como es la expresión oral y la escritura. La selección cuidadosa de buenos textos proveerá las herramientas necesarias para estimular el pensamiento y hacer de este proceso una experiencia de interés personal y de reflexión continua con la cual se engrandece el ser humano. *(Figura 1)*

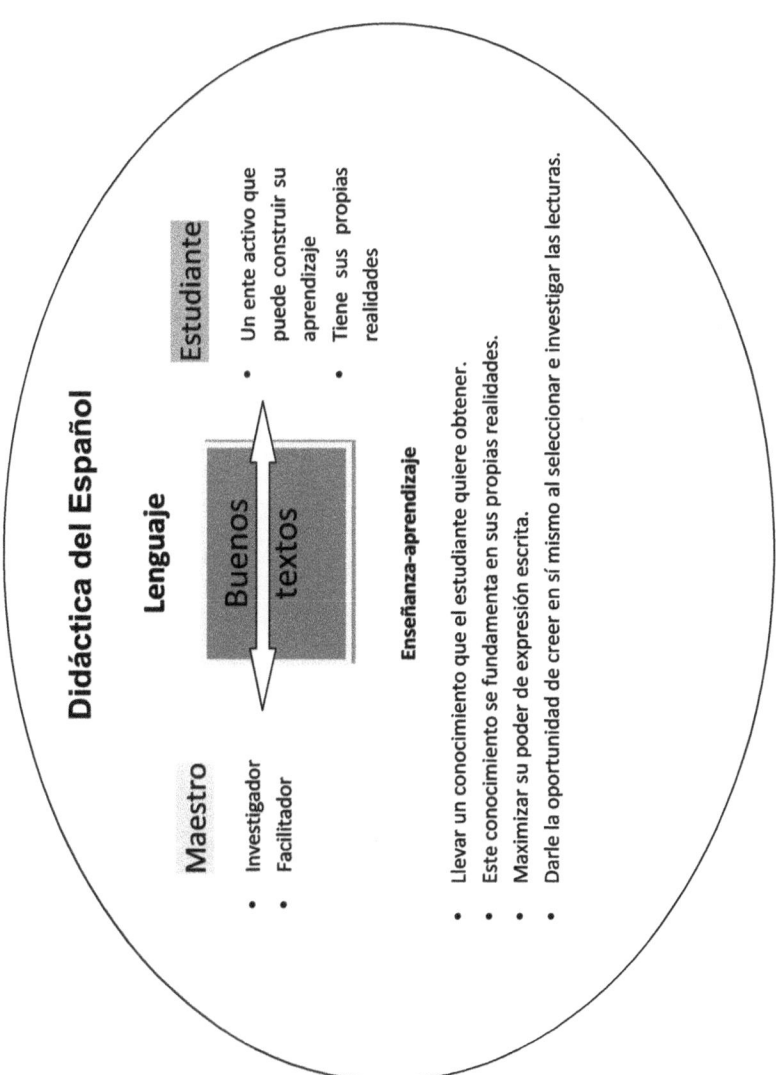

Figura 1. Diagrama que ilustra la concepción de la enseñanza del lenguaje.

En solidaridad a los colegas que día a día se esfuerzan en erradicar el analfabetismo, la ignorancia, la inequidad y la falta de oportunidades mediante el desarrollo y aprecio por la lectura, presento un panorama general sobre el tema de comprensión lectora y sugiero algunas actividades apropiadas.

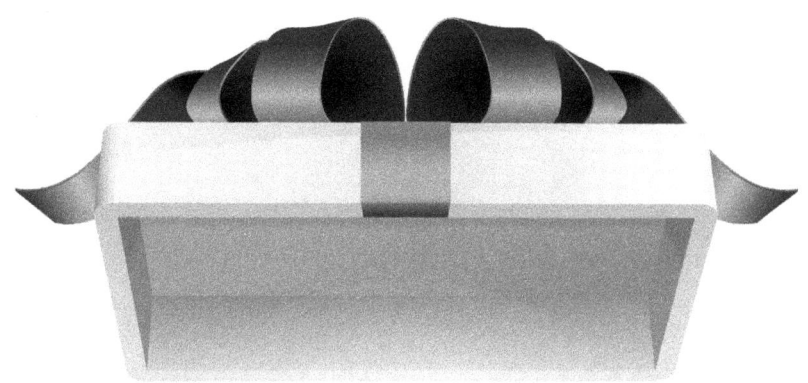

*"La lectura es un acto de
creación permanente."*
Daniel Pennac

Hace más de una década que los educadores venimos dando la batalla en torno al tema de comprensión lectora. Dentro de los vertiginosos cambios sociales y tecnológicos, aún la comprensión lectora cobra vigencia. Ahora tenemos estudiantes más tecnológicos y menos lectores independientes. Entonces nos preguntamos... ¿Qué ocurre con la comprensión lectora?, ¿Cómo desarrollamos lectores competentes e independientes?

La comprensión lectora constituye una habilidad cognitiva compleja porque depende de múltiples procesos, como son la formulación de hipótesis, la inferencia, el cuestionamiento, el análisis, la evaluación y la generación de ideas o la argumentación. Es por eso que propondré actividades para la lectura que estimularán estos procesos ya que según algunos teóricos (Cook, 1985; Goodman, 1994; Kintsch, 1998; Rosenblatt, 1996 & Van Dijk, 1983) estos son los procesos que permiten al lector interpretar, organizar, reorganizar y dar significado a lo que lee. Sin olvidar que la comprensión lectora también es un fenómeno de naturaleza social y cognitiva.

En su dimensión social, la comprensión constituye una

actividad comunicativa contextualizada. Es decir, el lector iniciará una conversación con el texto que ha escogido por alguna razón particular. Entonces, cada vez que un individuo enfrenta un texto lo hace en una situación comunicativa particular con ciertas metas que establecerá a partir de las necesidades que le imponga el contexto. De ahí, la relación incuestionable que se produce entre lector como ente social, el texto como instancia de lengua y las metas de lectura que el lector establece.

En cuanto a su naturaleza cognitiva, la comprensión lectora constituye un proceso intencionado de alta complejidad. Está conformada por una serie de procesos psicolingüísticos sustentados, a su vez, en una variedad de procesamientos cognitivos de orden inferior (atención, percepción y memoria) y de orden superior (toma de decisiones, monitoreo, reflexión, entre otros). Así, a partir de la interacción de la totalidad de los procesos involucrados, se genera una representación mental de la situación descrita en el texto, a base de la información textual, a las metas del lector y a sus conocimientos previos (Ibáñez, 2012 & Parodi, Peronard & Ibáñez, 2010). Es por eso que como educador podemos a tener control de algunos fenómenos, pero de otros muy poco.

Es así como los factores sociales y cognitivos se relacionan para hacer posible la comprensión lectora. Autores como Graesser, Singer & Trabasso (1994); Kintsch (1988, 1998, 2002) y Van Dijk & Kintsch (1983) concuerdan que es posible la comprensión profunda de un texto escrito. Esta se manifiesta cuando los procesos psicolingüísticos se involucran e interactúan para la generación de lo que se podría denominar una representación de tres niveles de profundidad. Estos niveles son equivalentes al *Código de Superficie*, la *Base Textual* y al *Modelo de Situación*; y dos planos estructurales, constituidos por la *Micro y la Macroestructura*.

Para clarificar la discusión, a continuación se muestra en la Figura 2, un diagrama que presentó Nieto (2012) con el cual se ejemplifica el modelo de comprensión lectora que propusieron Van Dijk y Kintsch (1983).

Según se desprende del modelo de Van Dijk y Kintsch (1983), el *Código de superficie* es el primer nivel de expresión del discurso y corresponde a la representación de palabras y frases del texto. En este nivel de superficie, el lector recupera el texto mismo. Por ejemplo, el lector puede ascender al vocabulario y reconocer aspectos gramaticales como también analizar sintácticamente la estructura de una oración. Este nivel está directamente ligado a los procesos automáticos de decodificación, entre los que es posible identificar la decodificación de los símbolos gráficos y la decodificación sintáctica. Aquí, la percepción, la atención y la memoria a corto plazo juegan un rol central en el reconocimiento y asociación de sílabas y palabras. Si bien nuestra perspectiva no se focaliza en los procesos de decodificación, no se debe restar importancia al rol que estos tienen en lo que se entiende por comprensión profunda de un texto escrito. Los mismos resultan fundamentales para la generación de la representación global de la situación descrita en el texto (Ibáñez, 2012 & Perfetti, Yang & Schamalhofer, 2008).

El segundo nivel se denomina *Base Textual*, su explicación es un poco más compleja porque se introducen dos estructuras más: *la microestructura* y *la macroestructura*. Por lo

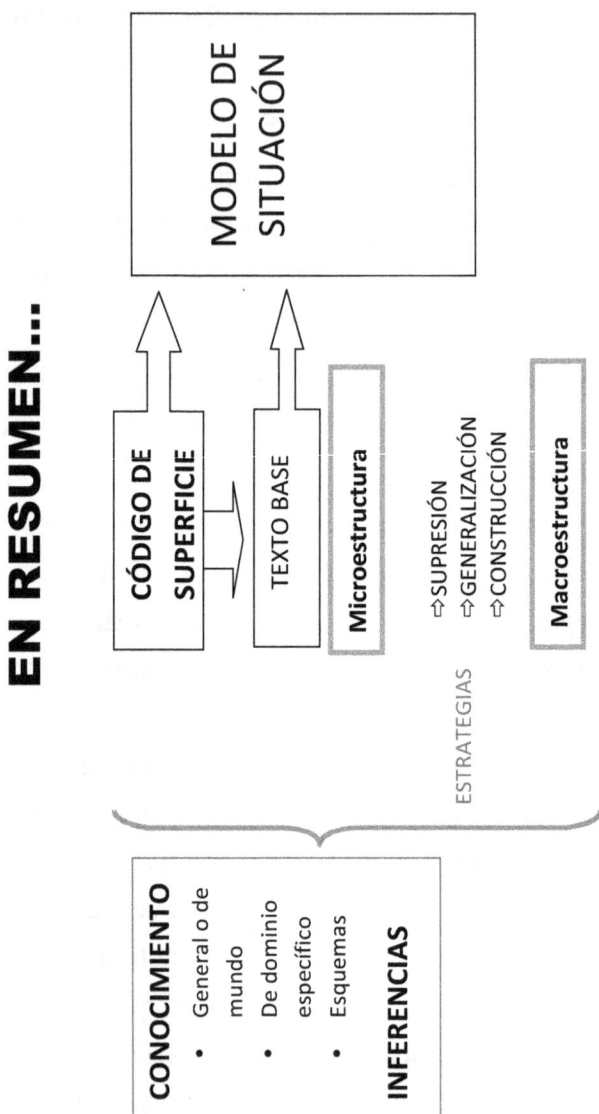

Figura 2. Diagrama que ejemplifica los procesos de comprensión lectora que permiten pasar de una microestructura a una macroestructura según lo describe Van Dijk y Kintsch (1983).

Fuente: Nieto, O. (2012). Un ejemplo metodológico con explicación. Recuperado en: http://lecturaycomprension.wordpress.com/author/orlandonieto/page/2/

tanto, se recomienda observar el diagrama *(Figura 2)* propuesto por Nieto (2012).

El nivel *Base Textual* constituye una representación mental del significado del texto. En este nivel, el lector maneja un grupo ordenado de proposiciones que representan el significado que subyace en el texto. Según proponen (Kintsch & Van Dijk, 1978, Kintsch, 1988 & Van Dijk 1983), el texto base se divide en dos. Por un lado, están las oraciones una por una y las relaciones de palabras y; por otro lado, están las oraciones entre sí, creando una *microestructura* textual. Esta *microestructura* se va modificando por las estrategias de supresión, generalización y construcción hasta llegar a la *macroestructura* del texto. Es decir, cuando el lector aborda el contenido textual, en este nivel se puede obtener una idea global del discurso. Por ejemplo, en este nivel, el lector puede resumir el texto. Cuando se habla de micro y macro, no se refiere a grande o pequeño, sino que la *macroestructura* implica que el texto es más pequeño en tamaño porque se ha reducido la idea principal de este. A continuación, se ejemplifica la idea con la *(Figura 3)* en un diagrama propuesto por Nieto (2011, p.2).

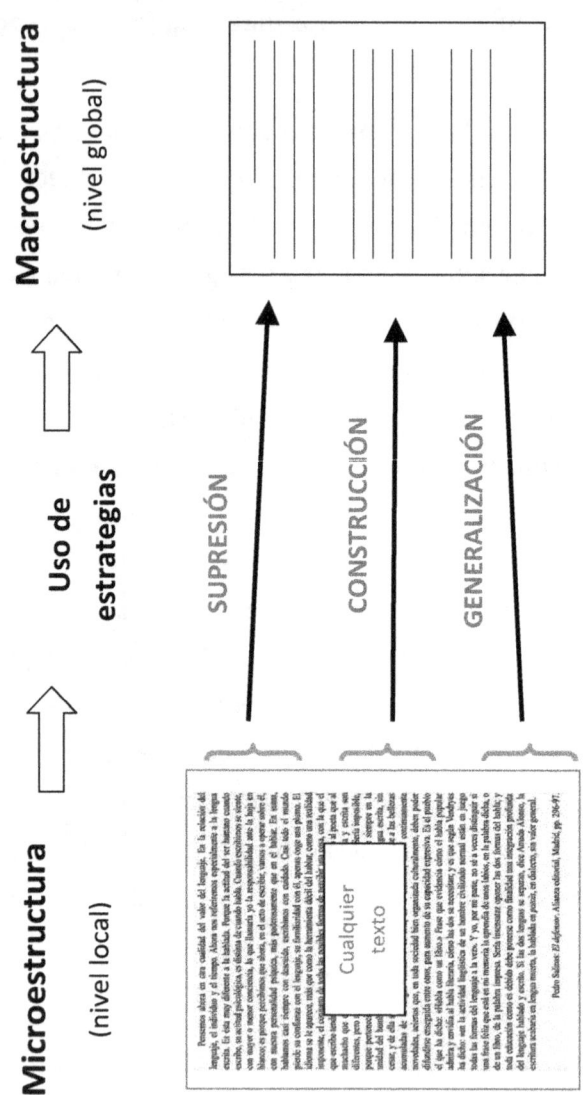

Figura 3. Diagrama que ejemplifica los procesos de comprensión lectora que permiten pasar de una microestructura a una macroestructura según lo describe Van Dijk y Kintsch (1983).

Fuente: Nieto, O. (2011). En palabras más simples: ¿Cómo es que se comprende?. Recuperado en: http://lecturaycomprension.wordpress.com/author/orlandonieto/page/4/

Como se desprende de la ilustración en la (*Figura 2*), la **macroestructura** se realiza usando estrategias de supresión, generalización y construcción para llegar a un punto global del texto. El lector puede lograr esto cuando integra su conocimiento previo al texto que ha leído para construir la **Base Textual**. Este proceso se logra cuando el lector participa de la siguiente manera: cuando hay repetición de argumentos, el lector resume. Mientras que cuando se carece de información o existen vacíos, el lector inicia procesos de inferencias.

El tercer nivel que proponen (Kintsch & Van Dijk, 1978, Kintsch, 1988 & Van Dijk 1983) en el proceso de comprensión lectora es el **Modelo de Situación**. El **Modelo de Situación** consiste en la vinculación de la representación semántica del texto, con los conocimientos almacenados en la memoria episódica. Los procesos que ocurren en este nivel se pueden asemejar a una foto o dibujo. Es decir, en este nivel se espera que el lector construya una imagen del texto. Es por eso que cada lectura es distinta y personal para cada individuo de acuerdo con sus experiencias. La construcción de esta imagen del texto, puede ser completada por procesos inferenciales gracias a los conocimientos previos. Estas imágenes mentales permiten que el lector llegue al nivel más profundo de comprensión textual y se presume que en este nivel, tal integración produce una modificación en la estructura de los conocimientos previos del lector.

La gran diferencia entre alcanzar un nivel correspondiente a la **Base Textual** y uno correspondiente al **Modelo de Situación** no radica en la cantidad o tipo de conocimiento previo utilizado, sino en la integración de esta nueva información a los conocimientos almacenados en la memoria del lector

(Ibáñez, 2012; Kintsch, 1988, 1998; Mannes & St. George, 1996; McNamara, 2004 & McNamara & Kintsch, 1996). De este modo, llegar a construir un **Modelo de Situación** permite al lector no solo comunicar lo que ha leído (Peronard & Gómez Macker, 1985), sino también aplicar el nuevo conocimiento adquirido a través de su lectura a nuevas situaciones (Kintsch, 1998). En otras palabras, comprender profundamente un texto se asocia con el aprendizaje para la vida. Esta sería precisamente la importancia de la lectura.

Larrosa (1998) indica que *la lectura es... "algo que nos forma (nos deforma o nos transforma)... algo que nos constituye o nos pone en cuestión en aquello que somos"* (p.16). El lector se involucra con el texto y escucha lo que el texto le dice, *"está dispuesto a perder pie y a dejarse tumbar y arrastrar por lo que le sale al encuentro"* (p.20). Luego, se forma o transforma. Así es como la lectura talla nuestra esencia como seres humanos. Si esto no ocurre, se obtiene un conocimiento encapsulado (Kintsch, 2004). El **Modelo de Situación** se tiene que integrar con el conocimiento previo. *"Es bastante posible que los lectores puedan construir textos base adecuados, pero fallen en ligarlos a otras porciones relevantes de su conocimiento previo"* (Kintsch, 2004, p.1275). De esta manera, *"los lectores podrían recordar y reconocer el texto base solo por un tiempo, pero su pensamiento, su resolución de problemas y su comprensión futura no se verá afectada en lo absoluto"* (Kintsch, 2002, p.3).

Ahora bien, la **Base Textual** y el **Modelo de Situación** no deben ser entendidos como dos niveles absolutamente diferentes y desvinculados. De hecho, corresponden a representaciones en muchos aspectos interdependientes. Es decir, los valores ausentes se obtienen de la información que proporciona el propio ambiente-texto, o bien a través de oportunos procesos de inferencia basados en el conocimiento (bien recuperando de la memoria la información relevante ya disponible o bien generándola a través de inferencias propiamente dichas).

Como ya se mencionó, los niveles de representación del discurso se encuentran relacionados con los conceptos *microestructura* y *macroestructura* (Kintsch & Van Dijk, 1978; Van Dijk & Kintsch, 1983). Nuevamente, se abordarán estos dos conceptos para explicar con más detalles los procesos que involucran. La *microestructura* la constituyen las inferencias básicas que se hacen a nivel textual o local. Mientras que la *macroestructura* está formada por las inferencias que se hacen para resumir el texto o sacar las ideas más importantes de manera global. La vinculación entre ambos conceptos podría ser entendida a modo de mutua dependencia. Por ejemplo, el nivel de la **Base Textual** que requiere de la generación constante de la *microestructura* y la *macroestructura*, solo puede construirse habiendo alcanzado el nivel correspondiente al **Modelo de Situación**, porque es en este nivel que se pueden crear posibles situaciones derivadas del contenido, criticar el texto, y hasta utilizar la información obtenida en situaciones concretas y nuevas.

La construcción de la *microestructura* se genera a partir de procesos de orden semántico, que interactúan directamente con los procesos de decodificación. La construcción consiste en la formación de una cadena de proposiciones que genera las relaciones semánticas, (explícitas e implícitas) que el lector es capaz de representar a partir de la información del texto. Sin embargo, cuando la inferencia no es explícita, se considera fundamental llevar a cabo inferencias de tipo puente para obtener el significado (Ibáñez, 2012; Graesser & Wiemer-Hastings, 1999; McNamara, 2004 & McNamara & Kintsch, 1996).

La **macroestructura** es otro proceso que permite realizar una organización general. Esta depende de la interacción de los temas centrales del texto (Kintsch, 1988, 2002; Kintsch & Rawson, 2005; Kintsch & Van Dijk, 1978; Louwerse & Van Peer, 2002; Van Dijk & Kintsch, 1983). La construcción de esta estructura global involucra la eliminación, generalización y construcción de nueva información a partir de las proposiciones componentes de la **microestructura** (Kintsch, Kintsch & Van Dijk, 1978; Van Dijk & Kintsch, 1983; 1988, 1998, 2001, 2002). Esta nueva organización de la información nuclear se realiza generalmente a partir de los esquemas retóricos asociados a los géneros discursivos, que son parte del conocimiento previo del lector (Kintsch, 1988; Kintsch & Van Dijk, 1978; McNamara & Kintsch, 1996; Van Dijk & Kintsch, 1983).

Otras actividades fundamentales durante la totalidad del proceso para lograr la comprensión lectora son la planificación y ajuste de acuerdo con el objetivo, el uso del contexto en forma adecuada y el monitoreo constante del proceso. Por lo tanto, cabe señalar que gran parte de la comprensión, como un proceso de construcción de significado, está guiado por la generación de diversos tipos de inferencias (Graesser et al., 1994; Graesser, Wiemer-Hastings & Wiemer-Hastings, 2001; León, Otero & Graesser, 2002; Parodi, 2007), tanto a nivel local (**microestructura**) como a nivel global (**macroestructura**).

Lo anterior implica que para leer un texto y llevar a cabo cada proceso parcial de lectura es necesario aplicar estrategias que conduzcan a lograr la comprensión lectora. Es decir, que el lector pueda extraer el significado del texto y ampliar los esquemas previos al incorporar la nueva información.

Según lo expuesto, y de acuerdo con la teoría psicocognitiva, la lectura se vislumbra como un proceso bastante complejo, que en vez de reglas, necesita operaciones complejas (pensamiento crítico) o estrategias que son alimentadas por información desde el conocimiento previo. De ahí surge la necesidad de conocer en detalle los procesos de comprensión lectora para aplicar estrategias efectivas en las metodologías de enseñanza.

Cuando el lector se enfrenta a un texto trata de obtener su significado. Con este fin, reorganiza a partir de las inferencias. Es un proceso en el cual el lector activa su conocimiento previo que le permite cuestionar lo que lee y realizar inferencias. Mediante la ilustración *(Figura 4)* que se muestra a continuación, se recoge de manera pictórica el proceso para hacer comprensible lo expuesto. Además, la misma puede contribuir para explicarle a ciertos estudiantes cuyo nivel de comprensión le permita entender que el fin de toda lectura es obtener significado del texto mediante diálogo que se activa conscientemente.

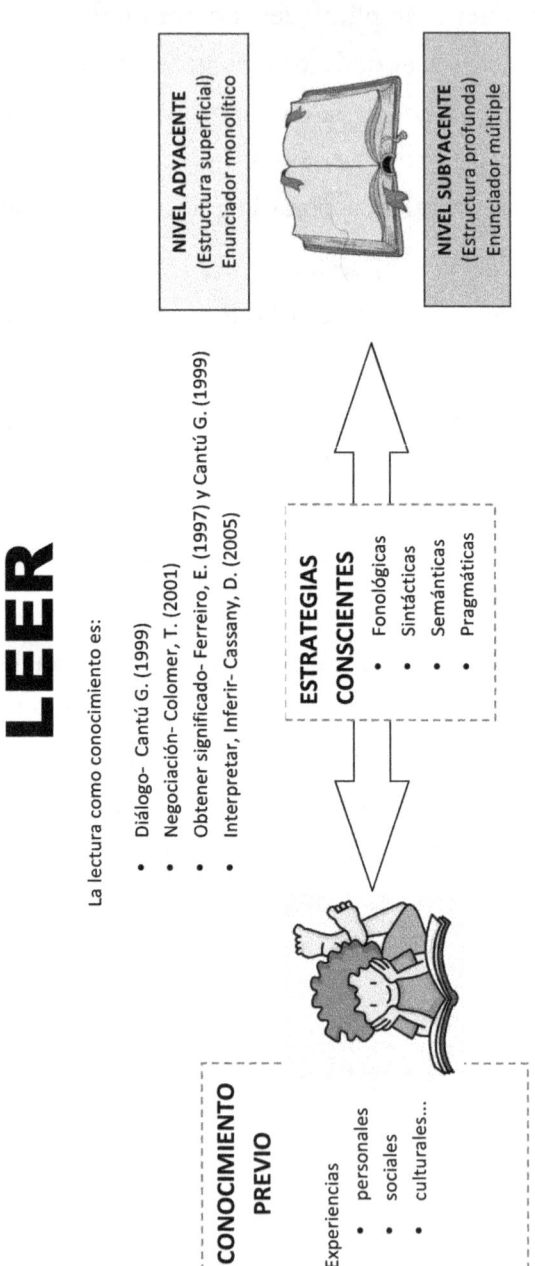

Figura 4. Diagrama que ilustra proceso de comprensión lectora

El conjunto de inferencias reorganizan la lectura, de tal manera que el lector puede obtener significado a partir del contexto. De esta manera, se entiende que sin las inferencias no se entra en el estado dialógico con el texto con el cual se obtiene la comprensión lectora. Es por eso que se torna imprescindible abrir un apartado para argumentar sobre las inferencias. En los próximos apartados, se abordan los temas de inferencias, hipótesis y predicciones ya que estos procesos se hacen presentes durante la comprensión lectora. Es indispensable conocer estos conceptos para observar a través de este estudio la manifestación de estas estrategias cognitivas durante la edad temprana.

La lectura es... "algo que nos forma (nos deforma o nos transforma)... algo que nos constituye o nos pone en cuestión en aquello que somos."
Larrosa (1998, p.16)

Las inferencias

El interés en el estudio de las inferencias inicia a principios del Siglo XX, presentando un desarrollo creciente en número y profundidad de investigaciones hasta la actualidad. Esta necesidad de investigación surge al reconocer que ningún texto puede ser enteramente explícito, sino que existen vacíos de información en su interior que el lector debe completar con su mundo de referencias. Esto se logra precisamente con las inferencias, que permiten construir la coherencia textual para leer el texto como un todo (sistema) y no como la suma de unas partes. Cuando el lector desconoce el significado de una palabra, porque el autor no lo presenta explícitamente, porque el texto tiene errores tipográficos o porque se ha extraviado una parte, éste recurre a unas estrategias de inferencias para recuperar la información. Se ha demostrado que los lectores competentes aprovechan las pistas contextuales, la comprensión lograda y su conocimiento general, para atribuir un significado coherente con el texto a la parte que desconoce. Por ejemplo, si desconoce el significado de una palabra, leerá cuidadosamente y tratará de inferir su significado en el contexto.

Anderson y Pearson (1994) estudiaron el proceso de comprensión lectora e indican que las inferencias son esenciales para la comprensión, porque con ellas es que se logra comprender. Para ellos, las inferencias son el alma del proceso de comprensión y recomiendan enseñarlas desde los primeros grados hasta el nivel universitario, si fuese necesario.

A la luz de las múltiples investigaciones, se han propuesto varias definiciones sobre las inferencias. De acuerdo con Cassany, Luna y Sanz (1994), la inferencia es la habilidad de comprender algún aspecto determinado del texto a partir del significado del resto. Consiste en superar lagunas que por causas diversas aparecen en el proceso de construcción de la comprensión (p. 218). León (2003) indica que inferencia es cualquier información que se extrae del texto y que no está explícitamente expresada en él, además de ser una representación mental que el lector construye, al tratar de comprender el mensaje leído (p. 24).

Estas dos definiciones permiten entender que la inferencia es un ejercicio mental no necesariamente consciente o voluntario y una capacidad o facultad natural más o menos desarrollable de acuerdo con diversas características contextuales. Ellas juegan un papel importante en la construcción del texto global, pues permiten llenar todos los espacios del texto que carecen de información. Ante esta reflexión, Cisneros Estupiñan, M., Olave Arias, G. & Rojas García, I. (2010) argumentan que cuando se infiere, el lector hace uso de estrategias cognitivas y metacognitivas para construir proposiciones nuevas a partir de unas ya dadas; esas construcciones son fundamentales para dotar de sentido tanto local como global al texto.

Mediante la ilustración *(Figura 5)*, se demuestra de qué se trata la inferencia como proceso para la comprensión lectora. A su vez, con ella podemos hacer consciente a los estudiantes de lo que se espera de ellos durante el porceso de lectura.

Gracias a las inferencias, el lector reorganiza la información leída dentro de una representación estructurada que, de manera ideal, consigue integrarse dentro de una estructura global (p.18).

León (2004), expone que existen tres tipos de inferencias y que su uso puede variar según el tipo de texto. En su trabajo Procesamiento de inferencias según el tipo de texto (p. 2) destaca que en las narraciones se pueden encontrar inferencias de: explicaciones, asociaciones y predicciones . Las inferencias de explicaciones son hacia atrás, orientadas en el orden temporal de la historia anterior a la sentencia focal (la oración que el sujeto está leyendo en ese momento) y las razones que explican por qué ha ocurrido una acción o suceso determinado. Las asociaciones son inferencias concurrentes en el tiempo con la oración focal (esto es, la acción o el suceso que está ocurriendo se describe en la oración que el lector está leyendo en ese mismo momento). Usualmente, este tipo de inferencia proporciona elaboraciones y descripciones más detalladas (la edad del protagonista, el tamaño, el color de un objeto o del instrumento utilizado para completar una acción).

Otro tipo de inferencias son las predicciones. Estas se orientan hacia adelante en el orden temporal respecto a la oración focal que se desarrolla en ese momento, proporcionando posibles consecuencias que ocurrirían como resultados de las

Figura 5. Diagrama que ilustra proceso de inferencia

acciones o sucesos que se están leyendo en ese momento. Las inferencias pueden generarse desde conocimiento general del mundo o de las acciones humanas, la información contenida del texto y que hemos leído previamente, o de inferencias que ya fueron generadas desde nuestro conocimiento previo y desde la memoria a largo plazo para representar el texto ya leído. De esta manera, se asume que la información necesaria para generar una inferencia puede provenir, o bien de nuestro conocimiento del mundo, bien del resultado de retomar la presentación del texto leído en la memoria a largo plazo, o bien de la información que se retiene o mantiene en la memoria de trabajo.

Ya se ha demostrado que estos tres tipos de inferencias (explicativas, asociativas y predictivas) poseen rasgos distintivos que permiten relacionarlas con diversos procesos de memoria. Sin embargo, en el estudio de León respecto al procesamiento de inferencias, se demostró que en las narraciones se genera mayor número de predicciones respecto a los textos clasificados como expositivos:

> *"Los textos narrativos se caracterizan por generar un número significativamente mayor de inferencias predictivas en comparación con el resto de los textos, siendo menos frecuentes en los textos expositivos. Por el contrario, los textos narrativos buscan la información causal consecuente y requieren mayor esfuerzo a la hora de recuperar los conocimientos almacenados en la memoria a largo plazo (Escudero y León, 2003, p.4)."*

De esta manera, se sobreentiende que el comportamiento del lector o los procesos que tienen lugar durante la lectura son distintos en función del género del texto. Según se desprende del trabajo de León (2003), los textos expositivos activan más los procesos de lectura dirigidos a tratar de integrar la información leída con el conocimiento previo y, por tanto, a generar explicaciones. Sin embargo, los cuentos dirigen al lector a elaborar mayor número de predicciones.

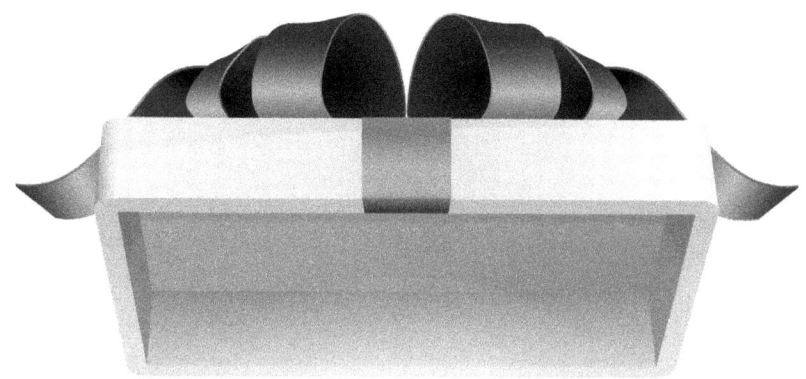

"La lectura adelanta el tiempo de la vida y paradójicamente, aleja el de la muerte. Leer es buscar otras realidades para comprender mejor esta realidad."
Fabricio Caivano, 1942

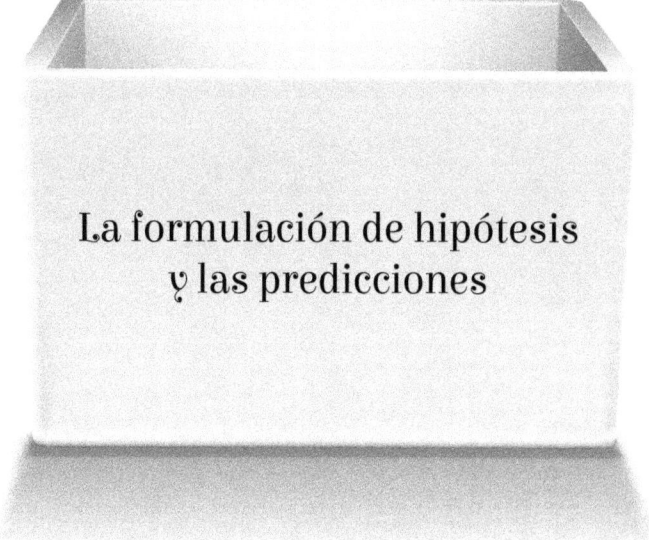

La formulación de hipótesis y las predicciones

Autores como Isabel Solé (1995) han planteado que la formulación de hipótesis y predicciones son destrezas fundamentales durante el proceso de comprender un texto porque constantemente se formulan hipótesis y luego se confirma si la predicción que se ha hecho es correcta o no. Goodman (1994) y Solé (1995), señalan que estas son unas de las estrategias más importantes y complejas, porque mediante la comprobación de ellas es que construimos la comprensión lectora.

Las predicciones consisten en establecer hipótesis ajustadas y razonables sobre lo que se encontrará en el texto. Estas se apoyan en la interpretación que se va construyendo del texto, a partir de los conocimientos previos y la experiencia del lector (Solé, 1994, p.121). Por otro lado, Smith (1990), nos dice al respecto: "... *la predicción consiste en formular preguntas; la comprensión, en responder a esas preguntas*" (p.109). Al leer, al atender a un hablante, al vivir cada día, constantemente nos formulamos preguntas. En la medida en que respondemos a esas interrogantes y cuando no nos quedamos con ninguna incertidumbre, entonces comprendemos.

Cuando se lee un texto, sus elementos textuales y los contextuales del lector activan los esquemas de conocimiento y sin proponérselo, el lector anticipa aspectos de su contenido. Se formulan hipótesis y se hacen predicciones. Por ejemplo, ¿cómo será?; ¿cómo continuará?; ¿cuál será el final?, etc. Las respuestas a estas preguntas se encuentran a medida que se continúa con la lectura.

Lo que se anticipa sobre la lectura debe ser confirmado y para esto es necesario buscar evidencia en el texto. Para confirmar las hipótesis, se buscan en el texto pistas gramaticales, lógicas y culturales, con tal de comprobar la previsión. Si la información es presentada en el texto y es coherente con las hipótesis anticipadas, el lector la integrará a su conocimiento para continuar construyendo significado global de la lectura del discurso, utilizando las diversas estrategias. También puntualizamos que hacer predicciones motiva al lector a leer y a releer porque esto implica un diálogo entre el lector y el texto.

*"La mente que se abre a una nueva idea,
jamás volverá a su tamaño original."*
Albert Einstein

El pensamiento crítico es el procedimiento que capacita al ser humano para procesar información. Este tiene lugar dentro de una secuencia de diversas etapas, comenzando por la percepción de un objeto o estímulos, para luego elevarse al nivel en que el individuo es capaz de discernir si existe un problema, cuando se presenta y proyectar su solución (Priestley, 2004). Estas etapas fueron presentadas por Sternberg (1986) en tres planos: **a) los metacomponentes, b) los componentes de actuación y c) los componentes de adquisición.** Los metacomponentes son las destrezas de planificación, los componentes de actuación involucran la ejecución de lo planificado y se realizan por medio del razonamiento inductivo y deductivo. Ambos razonamientos son estratégicos. El razonamiento inductivo es el que va de lo particular a lo general, mientras que el razonamiento deductivo es el que va de lo general a lo particular y, por lo general es el que concluye. Con ellos se estimula la comparación, las inferencias e interpretaciones. Por último, los componentes de adquisición de conocimiento consisten en contrastar la información relevante de la irrelevante.

Es por eso que se presume que para llegar a conclusiones, el lector pasa por etapas de análisis que son parte de los procesos de pensamiento crítico. Autores como Goodman (1994), Kintsch (1998), Rosenblatt (1996) y Van Dijk (1983) apoyan esta idea mediante diferentes argumentos y postulados teóricos. Por ejemplo, Goodman presenta un modelo transaccional para la lectura que igualmente Rossenblatt avala y defiende. A continuación se mencionan las ideas propuestas por estos autores para apoyar la visión que tienen de la lectura y la comprensión lectora.

Goodman (1994), plantea que la lectura es "*...un proceso de interacción entre el pensamiento y el lenguaje y que la comprensión es una construcción del significado del texto, por parte del lector, de acuerdo con sus conocimientos y experiencias de vida*". También afirma que la lectura es "*un juego psicolingüístico de adivinación y que la comprensión es el proceso de muestreo, predicción y prueba de hipótesis que tiene lugar entre texto y lector*". Igualmente, para Smith (1978), "*...la base de la comprensión es la predicción y ésta se alcanza haciendo uso de lo que ya sabemos acerca de la vida y haciendo uso de la teoría del mundo que todos llevamos en nuestra mente*". Rosenblatt (1985) señala que "*la obra literaria ocurre en la relación recíproca entre el lector y el texto*". Esta relación es una transacción, a fin de enfatizar el circuito dinámico, fluído, el proceso recíproco en el tiempo, la interfusión del lector y el texto en una síntesis única que constituye el significado. Por otro lado, Kintsch y Van Dijk (1983), proponen un modelo en el cual establecen que la comprensión de los textos escritos se puede caracterizar a partir de dos estructuras semánticas fundamentales: la **microestructura** y la **macroestructura**. En ambas se desarrollan procesos que permiten relacionar las proposiciones para obtener un significado global del texto.

Entonces, parece que leer un texto implica una verdadera construcción de relaciones por parte del sujeto y que la complejidad de esta construcción depende, en gran parte, de las posibilidades conceptuales del sujeto. Esto permite reconocer que todo lector pasa por un proceso de descartar las interpretaciones que puedan ser ridículas o irresponsables de lo que leen, con los cuales se puede concluir que el lector emplea ciertas destrezas de pensamiento crítico que le permiten comprender el texto. Por lo tanto, se planteó que los procesos de pensamiento crítico son paralelos, hasta cierto punto, a los procesos de comprensión lectora.

Se entiende que los procesos de pensamiento crítico son parte de los procesos de comprensión lectora, ya que al enfrentar un texto el individuo formula hipótesis sobre lo que lee y a partir de sus esquemas previos, infiere información que sugiere el texto. Al lograr una comprensión global del texto, el lector genera ideas que le permiten analizar y evaluar la información que va recuperando durante el proceso de lectura. De esta manera, se desprende que los procesos de pensamiento crítico están íntimamente relacionados con el proceso de comprensión lectora.

Existen distintas maneras de leer. Rossenblatt (1996) explica en su modelo que existe una lectura eferente y una estética. En la primera, el lector se preocupa por lo que va a extraer después de leer y en la segunda, lo que concierne al lector es lo que está viviendo, experimentando en su relación con el texto durante la lectura. El mismo texto puede ser leído de las dos maneras como una mezcla, pero el modo estético es lo que normalmente asociamos con la lectura literaria. Para Rosenblatt cada lectura es un encuentro particular que involucra un lector particular y un texto particular, bajo circunstancias particulares. Después de la respuesta personal a un texto literario, se espera que el lector reflexione sobre ella y al compartir la experiencia con otros, la lectura individual se transforma en un acontecimiento social. Lo que Rosenblatt enfatiza es la necesidad de un descubrimiento personal, por parte del lector antes de que el texto pueda ser objeto de estudio.

Por consiguiente, en esta forma estética de leer, no se descarta que el texto, al igual que una obra de arte, debe observarse, disfrutarse y comprenderse antes de ser criticado. De esta manera, se presume que cuando el estudiante llega a criticar un texto es porque ha recibido un insumo mediante el lenguaje escrito, ha transformado la información que es significativa para él y reorganizando las ideas mediante destrezas adquiridas. Posteriormente, al reorganizar las ideas, el lector concluye una información nueva en su mente con la cual asume unos criterios propios. En otras palabras, cuando un estudiante critica un texto es porque no solo ha vivido la lectura y comprendido la misma, si no que la lectura ha permitido aplicar sus experiencias previas y extrapolar a otros textos para construir un nuevo conocimiento que redunda en producir creencias, asumir posturas o tomar decisiones. Estas nuevas creencias, posturas o decisiones conforman al pensador crítico. Detrás de cada nuevo pensamiento, hay un ser humano distinto y es por eso que la lectura fomenta el pensador crítico cuando pensamos sobre lo ya pensado para mejorar la calidad del pensamiento inicial.este último paso estimularía los niveles más altos de pensamiento según la taxonomía cognoscitiva de Bloom (1965) y la más reciente de Norman Webb. Las taxonomías se proponen para clasificar de manera jerárquica los objetivos instruccionales desde los más simples hasta los más complejos. Es decir, desde lo más simple como adquirir conocimiento, hasta lo más complejo como es la creación o evaluación del conocimiento adquirido.

"Aprender a leer es lo más importante que me ha pasado. Casi 70 años después recuerdo con nitidez esa magia de traducir las palabras en imágenes."
Mario Vargas Llosa

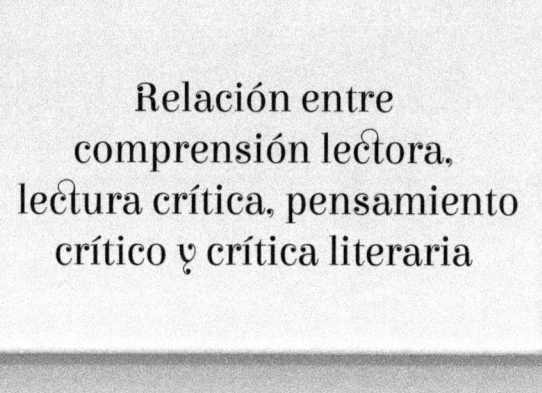

Relación entre comprensión lectora, lectura crítica, pensamiento crítico y crítica literaria

El término lectura crítica podría aclarar la relación que existe entre pensamiento crítico y comprensión lectora. Kurland (2003), definió la lectura crítica como una técnica que permite descubrir ideas e información dentro de un texto escrito. Mientras, el pensamiento crítico lo visualizó como una técnica para evaluar la información y las ideas, para decidir qué aceptar y creer.

Tomando en consideración las definiciones anteriores, se plantea que la lectura crítica antecede al pensamiento crítico. Entonces, solamente cuando se ha entendido completamente un texto (lectura crítica) es que se pueden evaluar con exactitud sus aseveraciones (pensamiento crítico).

Cervetti (2001), señaló que el concepto crítico se utiliza para referirse al nivel superior de comprensión (los implícitos, las intenciones del autor) presuponiendo que la tarea de comprender se basa en una experiencia sensorial de razonamiento lógico. Mientras que Chance (1986), señaló que el pensamiento crítico es la habilidad de analizar hechos, generar y organizar ideas, defender sus opiniones, hacer comparaciones, hacer inferencias, evaluar argumentos y resolver problemas. Estos planteamientos van a tono con los procesos de lectura presentados por Cook (1986) y Rosenblatt (1996). Ellos señalan que el individuo pasa por un proceso complejo de transacción entre el texto y el lector para construir significados a través de la interpretación dinámica entre el conocimiento previo del lector, la información sugerida en el lenguaje escrito y el contexto. Durante este proceso, el lector pasa por unas etapas que se pueden resumir de la siguiente manera: formular hipótesis, verificar hipótesis e integrar la información para comprender el texto.

En la práctica, la lectura crítica y el pensamiento crítico se complementan. El pensamiento crítico permite que el lector dé seguimiento a su comprensión a medida que lee. Si percibe que las aseveraciones del texto son ridículas o irresponsables (pensamiento crítico), lo examina con mayor atención para poner a prueba su propia comprensión (lectura crítica). Igualmente, el pensamiento crítico depende de la lectura crítica. Después de todo, una persona puede pensar críticamente sobre un texto (pensamiento crítico) únicamente si lo ha entendido (comprensión lectora). También puede elegir el aceptar o rechazar una presentación, pero se debe saber por qué. Se tiene una responsabilidad no sólo consigo mismo, sino con los demás al identificar las cuestiones o problemas con los que se está o no de acuerdo. Solamente así se podrán entender y respetar los puntos de vista de otras personas. Reconocer y entender esos puntos de vista requiere tener la capacidad de leer críticamente.

Lo anteriormente planteado permitió abrir un espacio para explorar y documentar cómo se complementan los procesos de comprensión lectora y pensamiento crítico a temprana edad, mientras se practica la redacción de críticas literarias.

En este trabajo se asumió una definición operacional sobre el pensamiento crítico que surge a partir de las ideas de Barthes (1973) y Chomsky (1995). El mismo se define como la capacidad innata del ser humano de razonar por medio de un discurso sobre el discurso mismo. Es decir, el pensamiento produce un metalenguaje que se ejerce sobre el lenguaje de un texto. Se trata de que el estudiante extrapole, integre y asocie el conocimiento que ya posee y lo aplique con criticidad para argumentar sobre el texto que ha leído.

Un modelo de comprensión lectora

En apartados anteriores se presentó la complejidad de la comprensión lectora, la cual constituye una habilidad cognitiva que depende de múltiples procesos léxicos, sintácticos y semánticos, entre otros, que interactúan entre sí. Sin embargo, es pertinente mostrar que este dinamismo puede expresarse de una manera sencilla.

Desde el punto de vista del lector, comprender supone construir una representación adecuada del significado del texto. Entonces, la tarea del lector, consiste en extraer la información que el texto proporciona interpretándola según representaciones ajustadas a lo que el autor del texto pretende trasmitir (Kintsch, 1998; Van Dijk y Kintsch, 1983). Dentro de la bidireccionalidad planteada en el apartado anterior, la comprensión lectora, además de facilitar representaciones adecuadas al significado, facilita los procesos de pensamiento crítico que permiten al lector incorporar tales representaciones a su propia base de conocimientos (Carriedo & Alonso Tapia, 1994; Vidal-Abarca & Gilabert, 1991). Es decir, en el proceso de extraer la información del texto para recuperar el significado, el lector ejecuta procesos mentales que son parte del pensamiento crítico. Por lo tanto, este trabajo intenta dar cuenta de los indicadores de pensamiento que se hacen presentes durante la comprensión de un texto, para alcanzar el pensamiento crítico, mediante la redacción de críticas literarias a temprana edad.

Gutiérrez (2005), ya había señalado la relación de dependencia del conocimiento del lector con respecto a la comprensión de un texto. Él indicó que esta relación es mutua o de doble dirección. Cuando la comprensión lectora se activa, los procesos de pensamiento crítico también se hacen presentes. Entonces, la implantación de los procesos de pensamiento crítico facilitan la comprensión de un texto. Esta relación bidireccional se ejemplifica en la *(Figura 6)* que se presenta a continuación.

Ahora bien, al reconocer que tanto la comprensión lectora, como los procesos de pensamiento crítico, tienen varios niveles de profundidad, no sería responsable conjeturar que comprender un texto implica llegar a los niveles más profundos de conocimiento. Es por eso que Priestley (2004) propone incluir actividades poslectura como es la crítica literaria. Entonces, con la redacción de crítica literaria se piensa que los procesos de pensamiento crítico que habían sido activados durante la lectura crítica, aumentarían el nivel de complejidad cognoscitiva (Rivera, 2015). Esto se da en la medida en que la crítica literaria exige no solo haber adquirido un conocimiento, si no evaluar el mismo para plantear unas ideas o argumentos sobre el texto que se ha leído. De esta manera, la crítica literaria sirve a modo de conclusión en el proceso de comprensión lectora.

El lector puede incrementar su pensamiento crítico a partir de la comprensión de los textos; pero esta comprensión o

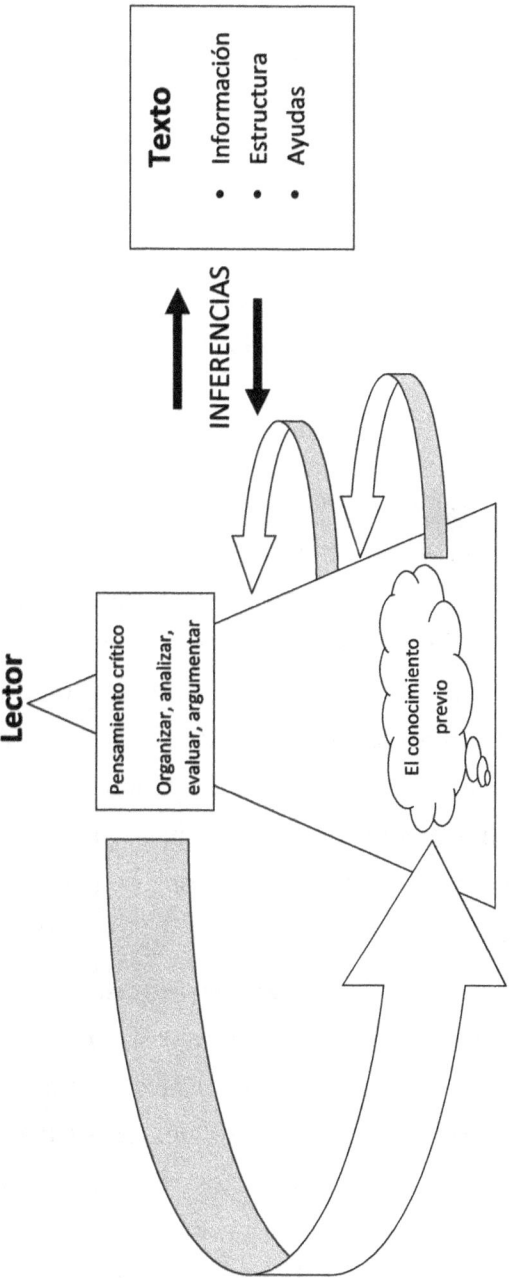

Figura 6. Diagrama que ejemplifica la relación entre comprensión lectora y pensamiento crítico

la transmisión de la información solo será posible en la medida en que ya se disponga del conocimiento relevante necesario para procesar e interpretar adecuadamente la información proporcionada por el texto, conforme a una representación apropiada (García-Madruga, Elosúa, Gutiérrez, Luque y Gárate, 1999). Ibáñez (2012) señaló que es necesario tener en cuenta los conocimientos que aporta el lector, ya que resultan claves en la construcción de los distintos niveles de representación del significado que forman la comprensión.

Para efectos de este trabajo, se tomó en consideración el modelo propuesto por Ibáñez (2012, p. 7) que se enmarca en la teoría psicocognitiva y en las ideas de Van Dijk y Kintsch (1983). Este modelo es bastante abarcador, porque recoge los niveles de profundidad e ilustra la dificultad del proceso. Sin embargo, se amplió el mismo considerando el modelo de procesamiento de información presentado por Priestley (1989). Al mismo se le añadió la redacción de crítica literaria como elemento para aflorar los indicadores de pensamiento crítico y una columna a la derecha para ilustrar los procesos de pensamiento crítico *(Figura 7)*.

La gráfica que muestra el proceso no establece una secuencia, sino enmarca los eventos de manera simultánea y recursiva. De este modo, para alcanzar los niveles de representación y para establecer los dos tipos de estructura señalados, es necesario llevar a cabo ciertos procesos psicolingüísticos indispensables. Asociados al primer nivel de representación, que es el ***Código de superficie***, está el reconocimiento de letras e integración silábica, los cuales conforman la decodificación sintáctica.

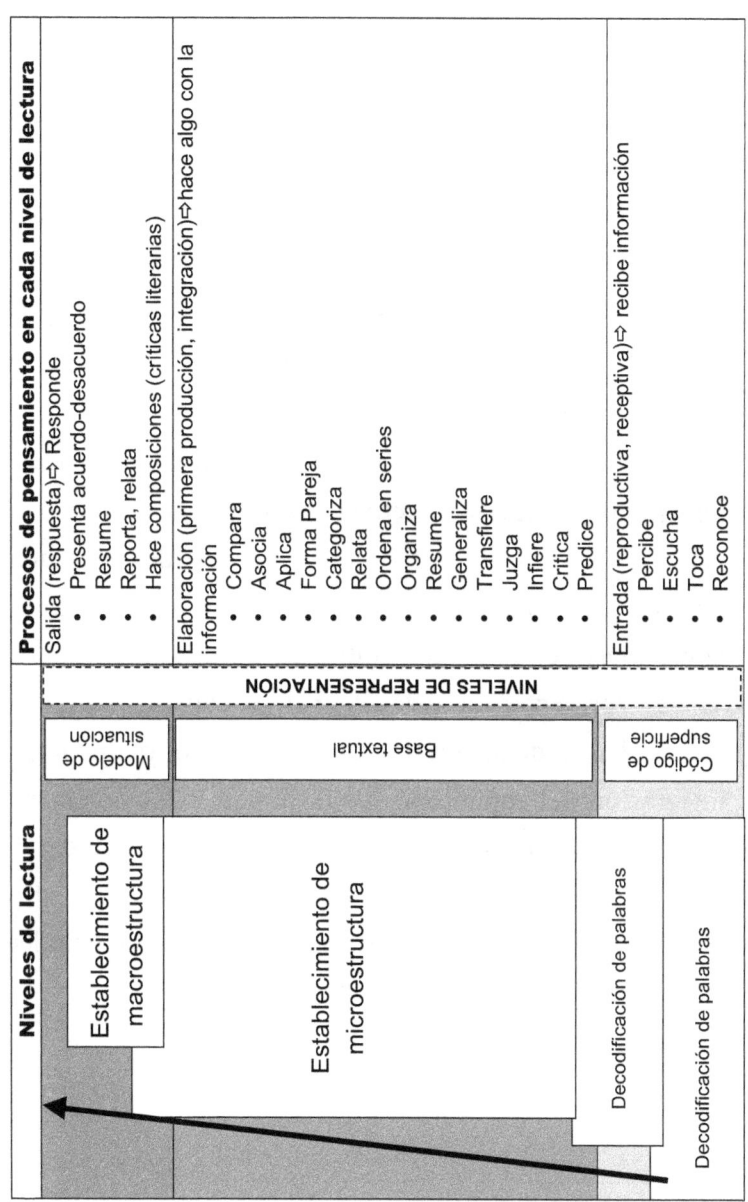

Figura 7. Modelo de comprensión lectora que ilustra la integración de los procesos de pensamiento

Dentro de los niveles de comprensión, la primera sección representa el menor grado de dificultad puesto que a partir de ellos, sólo es posible acceder al nivel de representación discursiva correspondiente al **Código de Superficie**. Por otro lado, la generación de inferencias de tipo puente implica un mayor grado de exigencia, en tanto contribuyen a la generación de la microestructura a partir de la vinculación de información explícita y no explícita en el texto. Este tipo de proceso permite alcanzar el segundo nivel llamado **Base Textual**.

En un grado de mayor dificultad aparecerá la generación de la **macroestructura**. Esta implica la articulación de la información a partir de estrategias de integración, generalización o eliminación. Estos procesos se encuentran en el tercer nivel denominado **Modelo de Situación**. Este último nivel de representación del discurso es considerado el más profundo dentro de los niveles de comprensión, ya que implica la integración del significado del texto con los conocimientos previos, generando una representación de la situación descrita en el texto. Alcanzar este nivel de comprensión implica aprendizaje y, por lo tanto, la capacidad de utilizar dicho conocimiento adquirido en situaciones novedosas y diversas.

Niveles de comprensión lectora

Cuando se habla de comprensión lectora, hay que considerar que este proceso involucra varios niveles. Entre ellos se pueden mencionar los siguientes niveles: literal, inferencial y crítico. La lectura literal es más objetiva y se centra solo en las ideas que están explícitas en el texto. Es decir, el lector se queda en el **Código de superficie.** La lectura inferencial es más reflexiva porque parte de lo que se conoce para lograr una explicación posible. Con la lectura inferencial se intenta establecer hipótesis para llegar a conclusiones. Mientras que en la lectura crítica, el lector confronta el significado del texto con sus experiencias previas para emitir un juicio crítico o valorativo. Sin embargo, la mayoría de los estudiantes no llegan al nivel crítico. Es por eso que el dilema de cómo la comprensión lectora llega al desarrollo del pensamiento crítico se ha convertido en una preocupación mundial.

A modo de explicación metafórica, imaginemos el proceso de comprensión lectora como las profundidades de un océano. Cuando se le entrega al estudiante un texto, el estudiante probablemente se quedará ojeando la página o libro para ver qué información puede obtener de primera mano. Si el estudiante solo recupera datos, fechas, nombres o lugares que están mencionados en el texto, el estudiante está flotando en el primer nivel del océano. Es decir, el estudiante está en el nivel que llamamos literal. Por el contrario, si el estudiante se sumerge en el océano que visualizamos como la lectura y logra hacer inferencias sobre el texto que lee, entonces ha llegado a un segundo nivel que es el nivel inferencial. Se logra llegar al nivel inferencial o sumergirse en el texto cuando el estudiante comienza a dialogar con el autor mediante el texto mismo. Una vez se ha vivido la experiencia de navegar sumergido en el texto, el estudiante puede elevar sus pensamientos y manifestar juicios valorativos sobre lo que ha leído. De esta manera, se puede concebir haber llegado al tercer nivel de comprensión lectora que se denomina nivel crítico.

La siguiente *(Figura 8)* ilustra esta dimensión: el proceso de comprensión lectora en el cual el lector activa estrategias (sintácticas, morfológicas y pragmáticas) que le permiten sumergirse en el texto y comprender de manera inferencial, pero al elevarse, al cuestionar lo que ha comprendido, después de haberse sumergido en el texto, es cuando se asume que se ha desarrollado el pensamiento crítico.

A partir de la concepción integrada y asumiendo que la estimulación o interés hacia la lectura ya existe, en este trabajo se presentan varias estrategias para las fases durante y después de la lectura. Sin menospreciar o minimizar la importancia crucial que tienen las estrategias antes de la lectura ya que leer es una actividad cognitiva, individual y todo lector debe estar estimulado para hacerlo. Estas estrategias, de cierta manera, obligan al lector

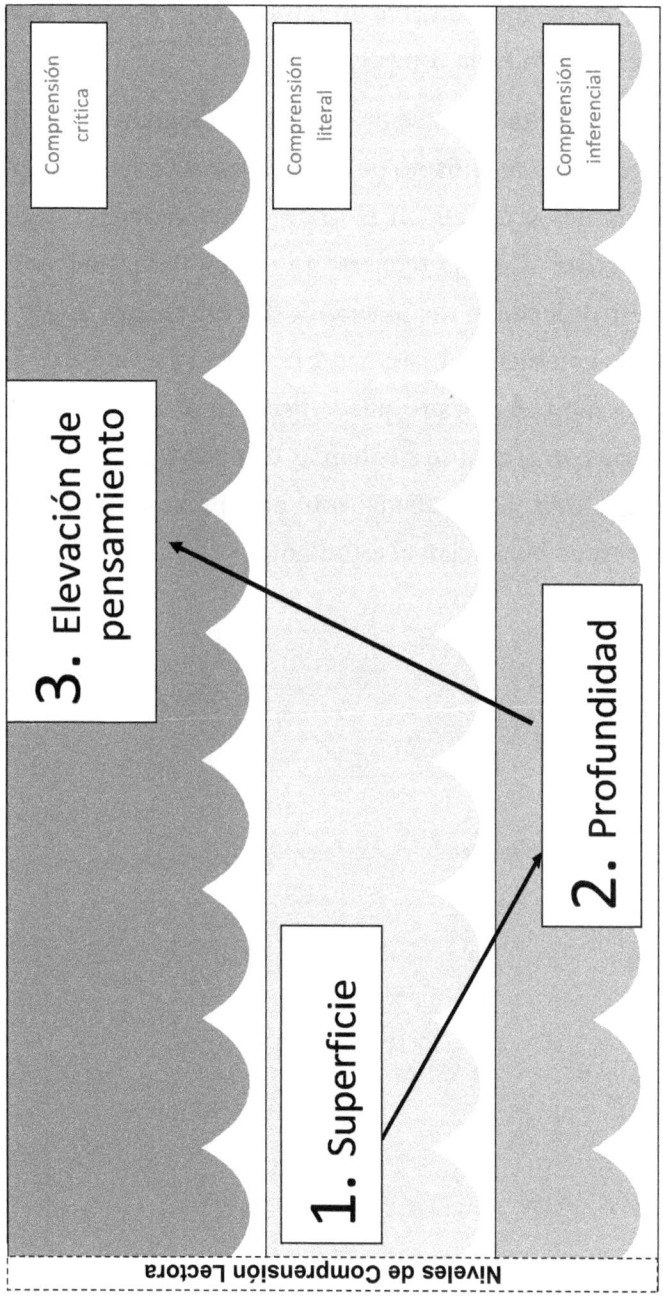

Figura 8. Esquema que ilustra el proceso de comprensión lectora en relación con el desarrollo del pensamiento crítico

a entrar en diálogo con el texto durante el proceso de lectura, lo cual desemboca en la comprensión.

A continuación se presentan los diagramas que ilustran las estrategias. Así mismo pueden desprenderse para mostrarle a los jóvenes y figurar en el salón como elemento decorativo e instructivo. De esta manera, a lo largo del primer semestre, el maestro puede ir incorporando las estrategias una por una haciendo consciente al estudiante de su uso y propósito. Al cabo de un tiempo, el maestro puede permitir al estudiante elegir la estrategia con la cual se siente más cómodo para trabajar. Cada estrategia está acompañada con una breve descripción y se explica cómo benefician al estudiante.

*"El papel del docente será sobre todo
el de proporcionar contextos
significativos en que tales discursos tengan
sentido según las posibilidades
del alumno en cada etapa educativa."
(Nussbaum, 1996).*

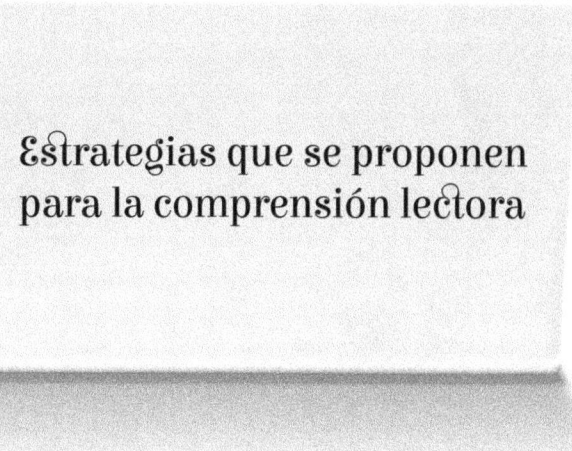

Estrategias que se proponen para la comprensión lectora

DURANTE LA LECTURA

Identificar el tipo de texto

Una estrategia es el procedimiento que lleve a cabo el docente para fomentar que el estudiante logre el objetivo que se espera. La palabra estrategia puede ser sumamente abarcadora en la práctica. Ortiz (2007) indica que una estrategia son todas las técnicas, procedimientos, métodos a los cuales se expone al estudiante con la intención de que reciba, internalice, modifique y evalúe las experiencias de aprendizaje a las cuales se confronta. Las estrategias como concepto viene de origen militar y contesta la pregunta: ¿Cómo lo voy a hacer?

En este caso nuestro objetivo principal es fomentar la comprensión lectora. Por lo tanto, nuestra primera estrategia puede ser identificar el tipo de texto que tenemos en nuestras manos.

Cada tipo de texto tiene su importancia y razón o intención de ser. No es lo mismo leer textos descriptivos, narrativos, expositivos, argumentativos o persuasivos. Todos los textos son diferentes y cada uno tiene su particularidad. Por lo tanto, si el lector identifica rápidamente el tipo de texto que tiene en sus manos, entonces, podrá saber claramente qué deberá buscar durante la lectura. Así, la atención estará puesta en los elementos que le permiten recuperar el significado global del texto. *(Figura 9)*

Si el texto es una narración, el lector debe identificar claramente los elementos de la narración, puesto que en torno a ellos surgirán las preguntas. Por lo tanto, el lector debe identificar y subrayar mínimamente lo siguiente: personajes, ambiente, situaciones conflictivas y desenlace. Estos elementos se relacionan dentro de una historia y permiten recuperar la comprensión global de la misma. A su vez, cuando se identifica el conflicto principal de la historia y se observa el desenlace, el lector puede determinar la idea central del texto. Ya que el conflicto es el elemento fundamental de la narración y a través del cual gira la historia. El conflicto presenta los desafíos y obstáculos del personaje principal que según las cualidades físicas o morales del mismo, le permiten intervenir de una forma u otra. Estableciendo así una idea, mediante las acciones que ejercen los personajes durante el conflicto y que posteriormente se desatan en un desenlace.

Por ejemplo,

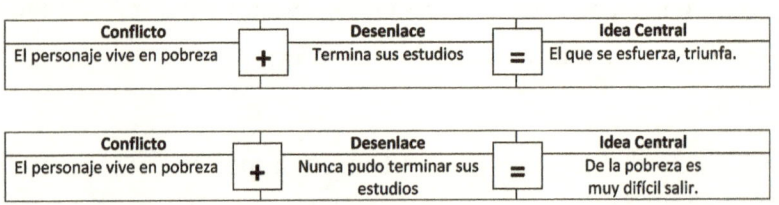

El diagrama que se muestra a continuación puede resultar atractivo para ejemplificarle al estudiante este aspecto. *(Figura 10)*

Comprensión Lectora: Un Regalo para la Vida

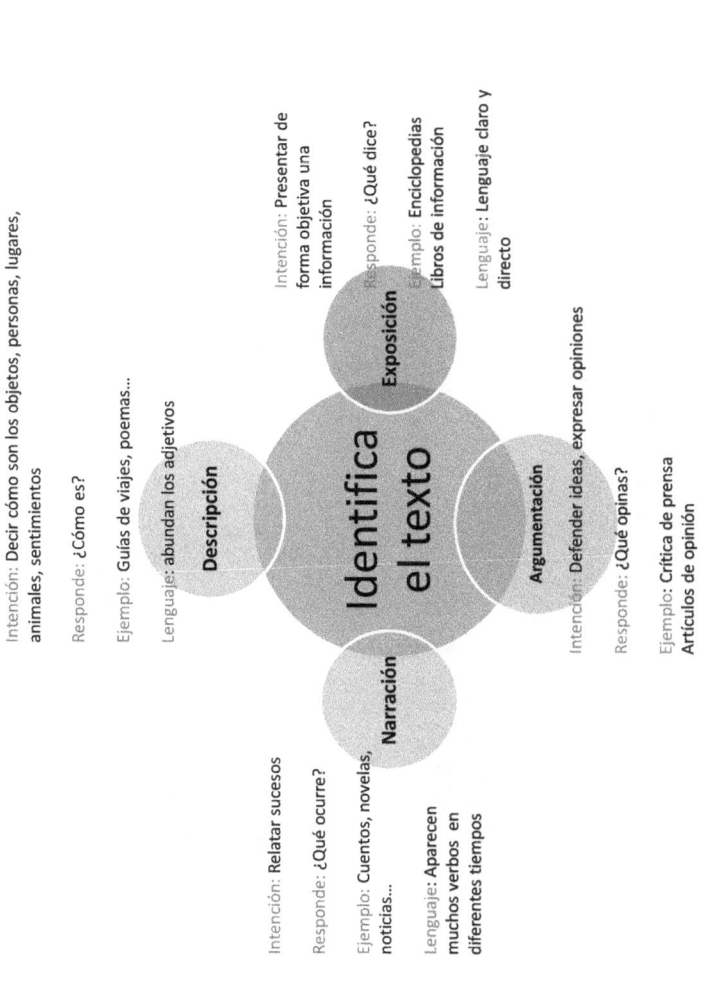

Figura 9. Esquema que ilustra el contenido de un texto según la intención del autor

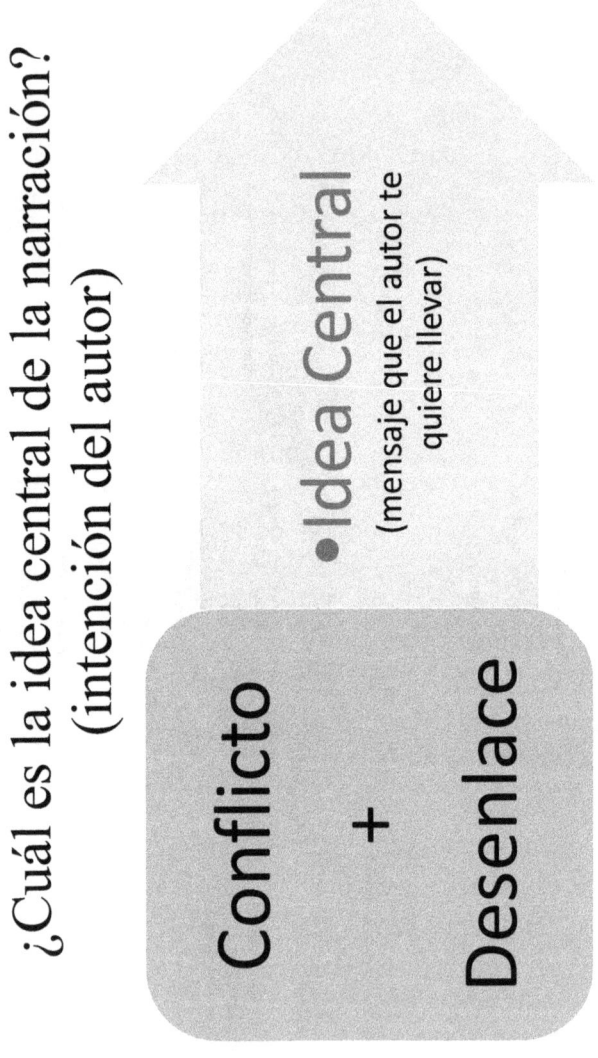

Figura 10. Esquema que ilustra relación entre el conflicto y el desenlace para identificar la idea central

Si el lector está frente a una exposición, hay tres puntos importantes donde habrá que fijar la mirada y por consiguiente poner el lápiz. La mirada debe fijarse en el primer párrafo, el párrafo del medio y el final. En estos puntos se encontrará información relevante para entender el mensaje global. En el primer párrafo, se puede identificar la oración tesis o idea central del texto. Los párrafos del medio proveerán información relevante, puesto que ellos contienen las ideas secundarias que apoyan la tesis o idea central. Mientras que en el último párrafo, se identificará la conclusión que hace el autor sobre el tema presentado.

En un texto argumentativo, la mirada debe estar puesta en los mismos tres puntos: inicio, medio y final. Sin embargo, el lector debe identificar cuál es la postura del autor y los planteamientos que presenta para justificar su postura. La postura del autor podemos encontrarla en el primer párrafo y en la conclusión, mientras que en los párrafos subsiguientes podríamos ver los planteamientos con sus debidas justificaciones.

El texto persuasivo es muy parecido al texto argumentativo. Sin embargo, en el texto persuasivo encontraremos argumentos a favor y argumentos en contra para intentar convencer a una persona. De esta manera, el lector debería fijar su mirada a identificar cuáles son los argumentos a favor y cuáles son los argumentos en contra porque probablemente de ahí surgirá gran parte del entendimiento del texto.

Para ilustrar los tipos de textos y las características o detalles que el lector debe identificar como importantes durante la lectura, se incluye el siguiente diagrama. *(Figura 11)*

Inmediatamente identifica qué tipo de texto es...

Texto	Busca
NARRACIÓN	personajes, ambiente, conflicto y desenlace
EXPOSICIÓN	**Idea central** en la introducción (1er párrafo), **ideas secundarias** que apoyan la idea central (párrafos del medio) y **conclusión** (último párrafo)
ARGUMENTACIÓN	Punto de vista del autor (postura, planteamientos) y sus justificaciones *Fija mirada al inicio, medio y final del texto*
PERSUASIÓN	Punto de vista del autor, razones que usa para convencer y puntos en contra *Fija mirada al inicio, medio y final del texto*

Figura 11. Esquema que ilustra dónde fijar la mirada según el tipo de texto

Subraya, circula y anota

Ya se ha mencionado la idea de fijar la mirada en ciertas partes del texto y aplicar el método de subrayar. Esta acción se convierte en una estrategia. La estrategia subraya, circula y anota es la más sencilla y antigua de todas, pero cobra vigencia porque con ella se induce al estudiante a involucrarse en un diálogo con el texto. **(Figura 12)**

Se alega que los estudiantes pierden el enfoque, son hiperactivos o simplemente tienen poca memoria a corto plazo. La estrategia subraya, circula y anota se convierte en una herramienta de utilidad que se puede emplear en todos los grados para atender las dificultades antes mencionadas. La misma consiste en subrayar todo lo que se entienda que es importante en el texto, circular todas las palabras que se desconocen o que en el momento no se entienden. Finalmente, se debe anotar en un extremo del papel lo que se entendió. De esta manera, durante la lectura, el estudiante se mantiene activo leyendo con un lápiz y haciendo las marcas necesarias. Esto evita que su cerebro se quede dormido y al final de la lectura no recuerde lo que ha leído.

Durante un examen de rapidez, esta estrategia también

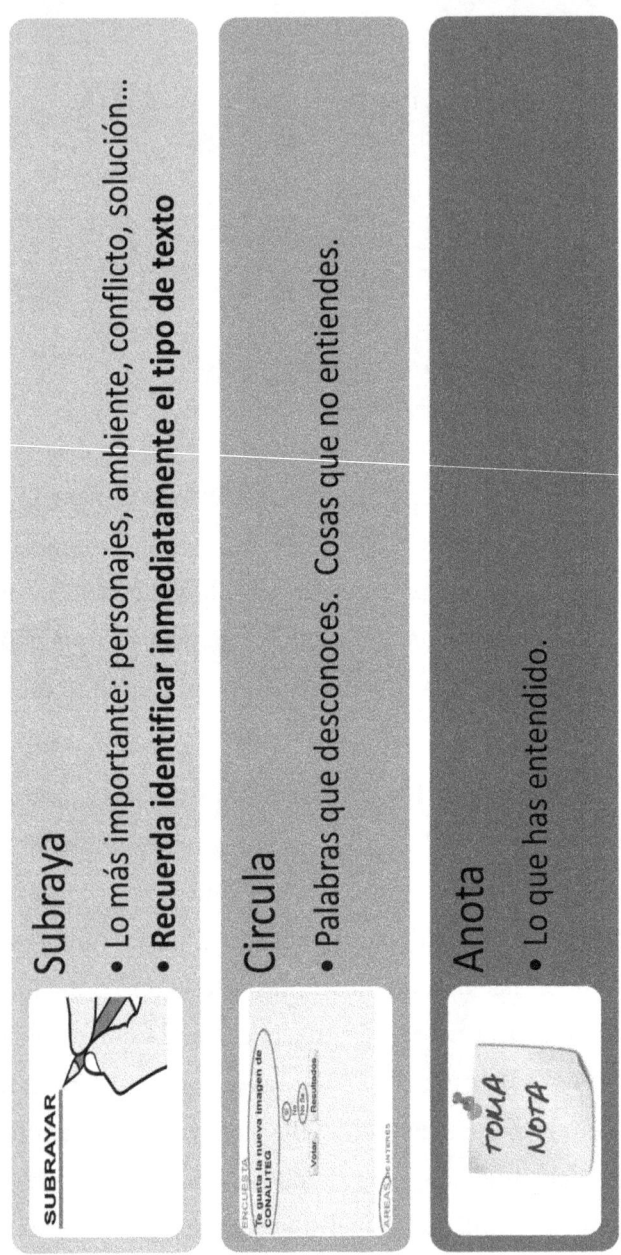

Figura 12. Esquema que ilustra la estrategia Subraya, circula y anota

provee sus beneficios. Por ejemplo, si el estudiante marca ágilmente el texto mientras lee, cuando le hacen preguntas sobre el texto, el estudiante no tiene que volver a leer porque irá a las marcas que ya había realizado. Por lo tanto, al lector se le hará mucho más fácil recordar los pasajes donde puede encontrar la respuesta a la pregunta que le han formulado.

Es importante destacar que si el texto está previamente marcado por otro lector, el mismo suele ser un obstáculo para el estudiante porque lo que es importante o desconocido para una persona, necesariamente no tiene que ser igual para la otra. El lector entraría en una conversación preexistente y la lectura podría tornarse confusa.

Si el texto no se puede escribir, se recomienda usar páginas con pegatinas que puedan ser removidas. Así se evita dañar el texto y se cumple con el objetivo de hacer anotaciones sobre lo comprendido. De esta manera, el estudiante con poca memoria a corto plazo, tiene la oportunidad de ir a sus notas para recuperar la información con más agilidad.

La estrategia subraya, circula y anota tendrá mejor resultado si es cónsona con el conocimiento que se tiene sobre los textos. Por consiguiente, debemos dotar al estudiante de un conocimiento básico sobre la estructura del texto para que el estudiante tenga una idea de a qué cosas debe prestar atención y marcar según el tipo de texto que ha leído.

El graffiti

La estrategia graffiti también fomenta el diálogo entre el lector y el texto. Mediante la incorporación de esta estrategia, el estudiante reconstruye el texto para otorgarle significado y a su vez, desarrolla la creatividad mientras se procesa la lectura. La estrategia graffiti suele ser efectiva, incluso cuando se trata de una lectura oral por parte del maestro.

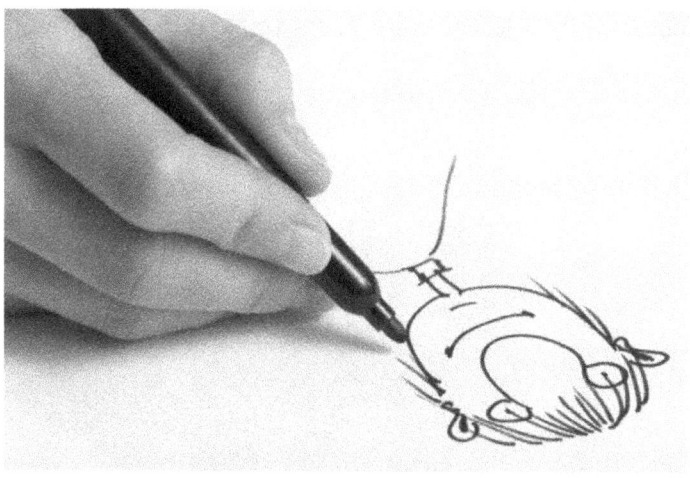

Figura 13. Esquema que ilustra la estrategia graffiti

La estrategia graffiti es recomendada para las lecturas orales durante las cuales los estudiantes suelen escuchar la primera parte de la lectura y después pierden la secuencia. Esta estrategia se puede trabajar tanto de manera individual como colectiva. Si desea trabajarla de manera individual se le entrega a cada estudiante un papel de tamaño apropiado (tamaño 8.5"x11"), mientras que si la estrategia se va a aplicar de manera grupal, el maestro debe proveer un papel grande (1 yd).

La estrategia graffiti consiste en hacer garabatos en un papel mientras se escucha una lectura. El estudiante puede dibujar, hacer flechas, escribir palabras, oraciones y todo lo que se le ocurra pensar (que esté relacionado con el texto) mientras escucha la lectura. Los estudiantes hiperactivos, que suelen estar inquietos durante la lectura, al usar esta estrategia, pueden canalizar sus energías mientras trabajan o realizan esta tarea. Por otro lado, los estudiantes que se desenfocan, cuando se aplica la estrategia graffiti, recuperan bastante información al terminar la lectura. Esto les permite hacer trabajos posteriormente de manera eficiente.

Me divierto, leo y aprendo

Las actividades lúdicas tienen la ventaja de viabilizar el aprendizaje mediante un aparente juego, donde los niños se atreven a intentar las cosas por el simple hecho de ser un juego. Es por eso que también sugiero emplear la estrategia **Me divierto, leo y aprendo**. Esta estrategia consiste en usar un juego educativo a modo de módulo instruccional que guiará al estudiante durante la lectura individual permitiendo que el estudiante se apropie por sí solo de las estrategias necesarias en el proceso de lectura.

Al comienzo de la lectura, el lector escoge una ficha en forma de muñequito **(Figura 14)**

Figura 14. Modelo de ficha para juego.

y usando el tablero recordará paso a paso el proceso de lectura que lo guiará por medio de preguntas hasta llegar a la meta (el final del tablero). *(Figura 15)*

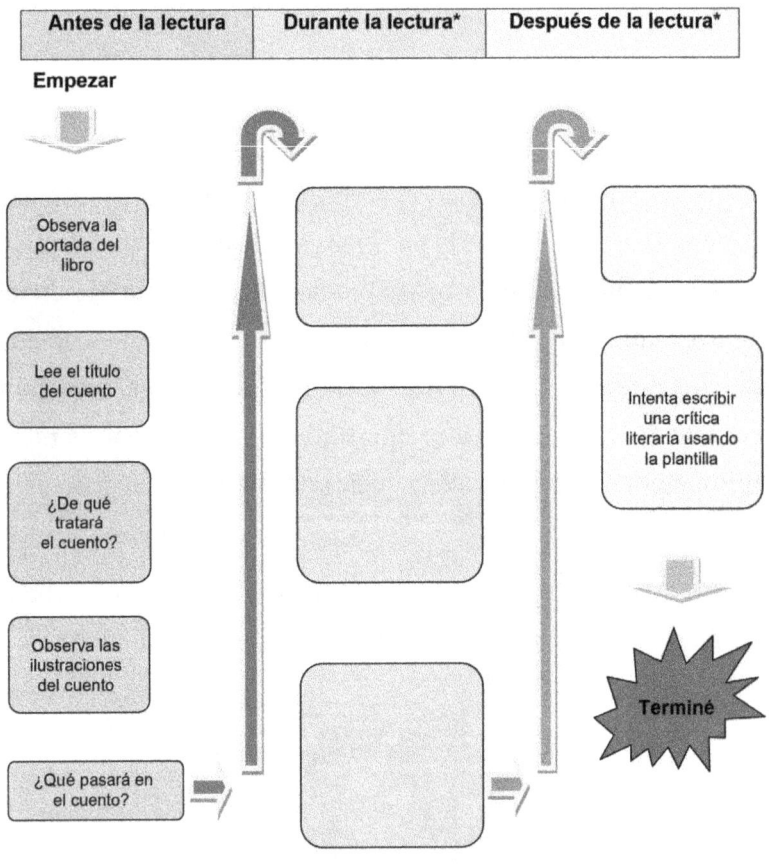

Figura 15. Tablero de juego para aplicar la estrategia.

Mediante el uso consciente del juego, el estudiante se apropia del proceso lector prestando atención a tres momentos cruciales: antes de la lectura, durante la lectura y después de la lectura. Durante la primera etapa del juego, nombrada **Antes de la lectura**, el juego estimulará la observación de láminas, lectura e inferencias a partir del título como también el establecimiento de hipótesis. En la segunda etapa del juego que corresponde a los procesos **Durante de la lectura**, el lector se involucra en una serie de preguntas guías que permitirán recuperar información del texto. Mientras que en la tercera etapa del juego conocida como **Después de la lectura**, se exhorta a desarrollar la creatividad mediante el uso del lenguaje escrito para reaccionar a lo leído.

El tablero de esta estrategia también puede ser modificado incluyendo otras preguntas abiertas que conduzcan al estudiante a pensar, repensar y profundizar sobre la lectura partiendo de la realidad de cada lector y considerando el nivel de enseñanza.

Algunas otras preguntas que se podrían considerar son las siguientes:

1. ¿Por qué las características del personaje son importantes para la historia?
2. ¿Cómo el personaje logró su objetivo?
3. ¿Qué cualidades tiene el personaje que le permiten ser un ejemplo para los demás? Explica.
4. ¿Por qué era necesario resolver el problema?
5. ¿Algún otro personaje podría haber ayudado?¿Cómo?
6. ¿El final apropiado para la historia? Explica.

Diario doble entrada

La estrategia diario doble entrada también es idónea para los procesos de lectura y a su vez de escritura, porque permite que el estudiante entre en un diálogo con el texto, que a su vez, redunda en manifestar sus experiencias vividas y ponerlas en relieve con el texto. Provee así un espacio para la argumentación incuestionable porque durante la aplicación de esta estrategia el estudiante va cuestionando el texto.

Durante el proceso de comprender un texto, autores como Isabel Solé (1995) han planteado que la formulación de hipótesis y predicciones son destrezas fundamentales porque constantemente se formulan hipótesis y luego se confirma si la predicción que se ha hecho es correcta o no. Goodman (1994) y Solé (1995), señalan que estas son unas de las estrategias más importantes y complejas porque mediante la comprobación de hipótesis es que construimos la comprensión lectora.

Las predicciones consisten en establecer hipótesis ajustadas y razonables sobre lo que se encontrará en el texto. Estas se apoyan en la interpretación que se va construyendo del texto, a partir de los conocimientos previos y a la experiencia del lector (Solé, 1994, p.121). Por otro lado, Smith (1990) nos dice al respecto: *"...la predicción consiste en formular preguntas; la comprensión, en responder a esas preguntas"* (p.109). Al leer, cuando entendemos a un hablante, en nuestro diario vivir, constantemente, nos formulamos preguntas. En la medida en que respondemos a esas interrogantes y cuando no nos quedamos con ninguna incertidumbre, entonces comprendemos.

Cuando se lee un texto, los elementos textuales y los contextuales del lector activan los esquemas de conocimiento y sin proponérselo, el lector anticipa aspectos de su contenido. Se formulan hipótesis y se hacen predicciones. Por ejemplo, ¿cómo será?; ¿cómo continuará?; ¿cuál será el final?, entre otras. Las respuestas a estas preguntas se encuentran en la medida en que se continúa con la lectura.

Lo que se anticipa sobre la lectura debe ser confirmado y para esto es necesario buscar evidencia en el texto. Para confirmar las hipótesis, se buscan en el texto pistas gramaticales, lógicas y culturales con tal de comprobar la previsión. Si la información es presentada en el texto y es coherente con las hipótesis anticipadas, el lector la integrará a su conocimiento para continuar construyendo significado global de la lectura del discurso utilizando las diversas estrategias. También puntualizamos que hacer predicciones motiva al lector a leer y a releer porque esto implica un diálogo entre el lector y el texto. La estrategia consiste en identificar las citas o partes del texto que causan tensión al lector y expresar los motivos por los cuales el texto causa tensión. ***(Figura 16)***

Estrategia: Diario doble entrada

Mientras lees, mantente pensando, estableciendo relaciones, hablando con el texto. Reacciona a la lectura mientras lees.

Citas del texto	Mi reacción (¿qué es lo que pienso?, ¿con qué lo relaciono?, ¿qué me recuerda?)

Figura 16. Esquema que ilustra la estrategia Diario doble estrada

Comprensión Lectora: Un Regalo para la Vida

DESPUÉS DE LA LECTURA

Organizadores gráficos

Cada encuentro con la lectura es nuevo y cada texto tiene estructuras diferentes con las cuales se amplían los esquemas mentales mediante la exposición a tales estructuras. Por lo tanto, se recomienda usar organizadores gráficos para visualizar las relaciones que existen dentro de la estructura textual. El uso y manejo de los organizadores gráficos permite combatir algunos problemas durante la comprensión textual, que en ocasiones, están relacionados con el dominio de escasas destrezas de inferencia. La incorporación de esta estrategia, si se mecaniza, permitirá comprender posteriormente otros textos.

Los organizadores gráficos son estrategias bien conocidas, pero con el pasar del tiempo, se intentan otros recursos y se minimiza el uso de ellas. Es por eso que se provee una ilustración que usted pueda colocar en el salón para uso y disfrute de todos. También sirve para recordarle a los chicos que es una estrategia útil para comprender los escritos.

Los organizadores gráficos también se puede enseñar en cualquier grado, aunque debemos recordar así, la necesidad de incorporarlos desde los primeros años y no olvidarlos en años posteriores. A veces pensamos que a cierta edad, el estudiante ya sebe leer y dejamos desprovisto al lector de ciertas herramientas que le ayudan a lograr la comprensión. El lector más competente, cuando lee; subraya, circula y anota. Esto demuestra que ha entrado en diálogo con el autor y que para lograr la concentración necesaria hace uso del lápiz. Sin embargo, se observa en la sala de clases, que algunos educadores coartan al chico al impedirle marcar el libro que está usando porque hay que conservarlo por 30 años.

De igual forma, deberíamos pensar que aprendemos a leer todos los días de nuestra vida y dejamos de aprender cuando morimos. En los primeros grados, leemos libros con ilustraciones, en grados posteriores van desapareciendo las ilustraciones y cuando terminamos la escuela secundaria, vamos a la universidad y allí leemos teorías y filosofías. Cada experiencia es distinta y en cada momento se necesitan unas herramientas que nos acompañen el resto de la vida.

Es importante que el desarrollo de estos procesos y el uso de las estrategias aquí presentadas, se estimulen a temprana edad, para obtener mejor resultado en años posteriores.

Mediante el uso de este organizador pictórico de una oruga, el estudiante puede repasar la narración recordando los sucesos que ocurrieron al principio de una historia, los que ocurrieron en el medio y al final. **(Figura 17)**

A continuación se presentan otros organizadores gráficos que permiten que el estudiante vaya identificando los elementos de la narración en un espacio apropiado con el cual pueda hacer análisis mentales que lo estimulen a comprender de

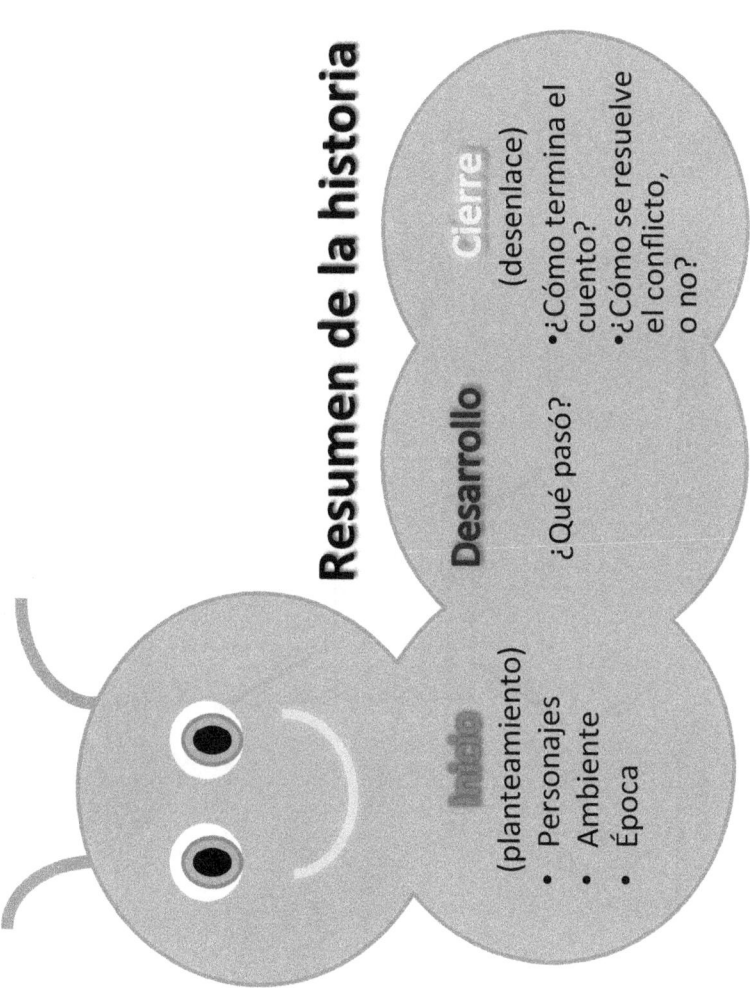

Figura 17. La estrategia de la oruga para resumir

manera inferencial y crítica el texto, guiándolo a la idea central, el mensaje del autor y llegar a sus propias conclusiones sobre lo leído. *(Figuras 18a, 18b, 18c)*

No hay duda sobre la efectividad de los organizadores

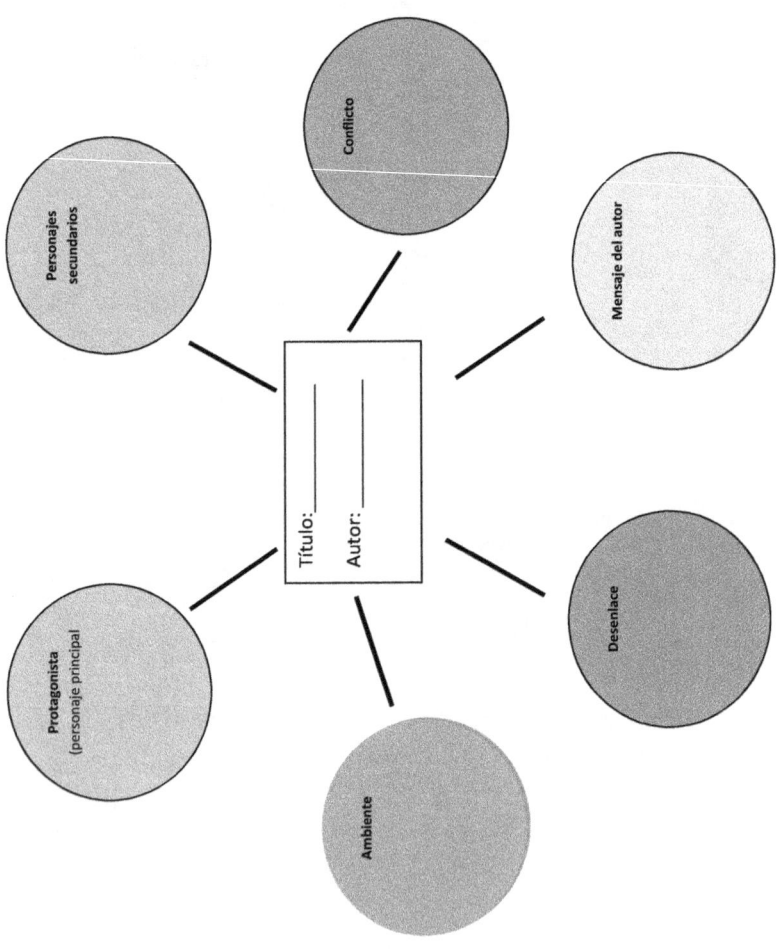

Figura 18a. Esquema que ilustra organizador gráfico para determinar los elementos de la narración

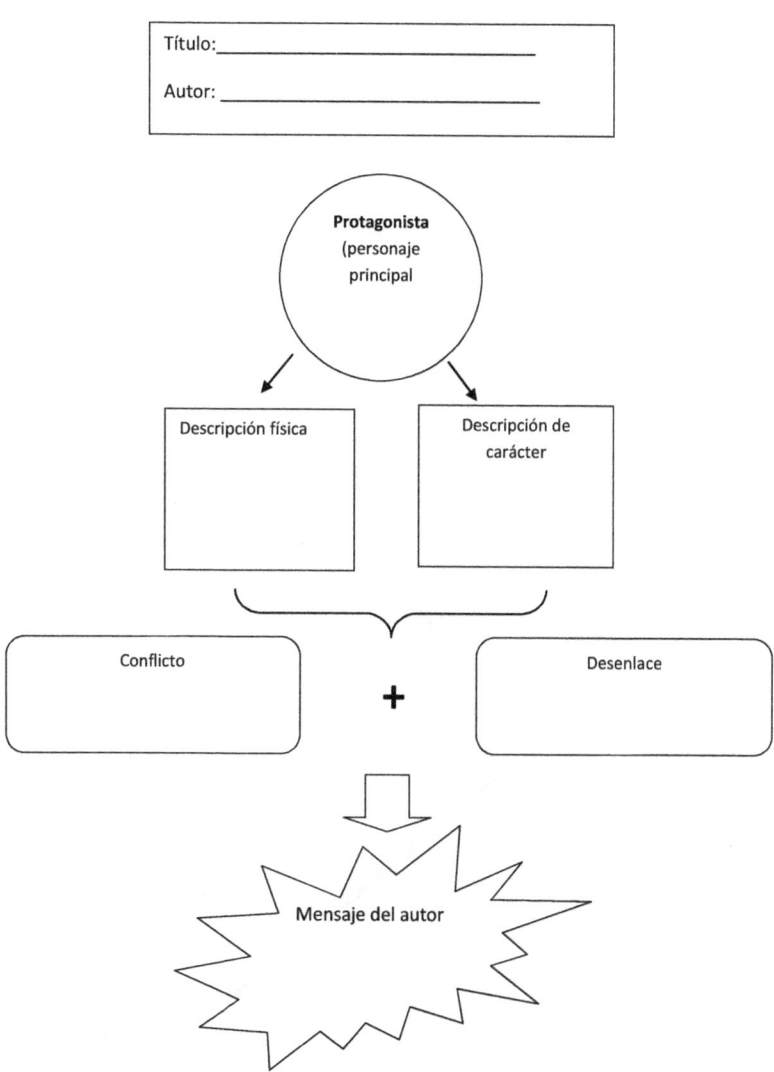

Figura 18b. Esquema que ilustra organizador gráfico para determinar los elementos de la narración

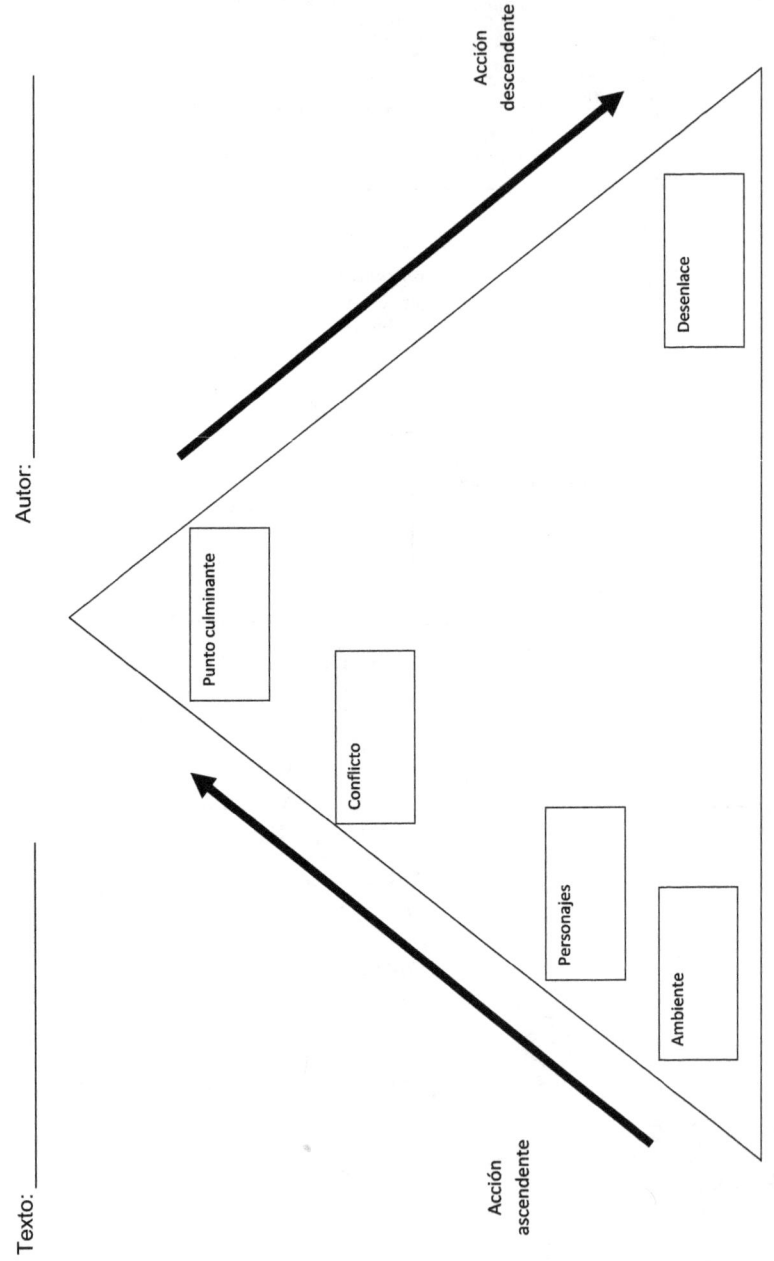

Figura 18c. Organizador gráfico para determinar los elementos de la narración

gráficos. Algunos otros, también son oportunos porque nos permiten entender la idea central o deducir el propósito que tuvo autor al escribir un texto. *(Figura 19a, 19b, 20)*

Cada uno de los elementos o detalles convergen en una sola idea o concepto que generaliza. A continuación se ilustra cómo ciertos conceptos pueden generalizar una idea y por consiguiente identificar la idea central.

Otros organizadores gráficos nos permiten visualizar la

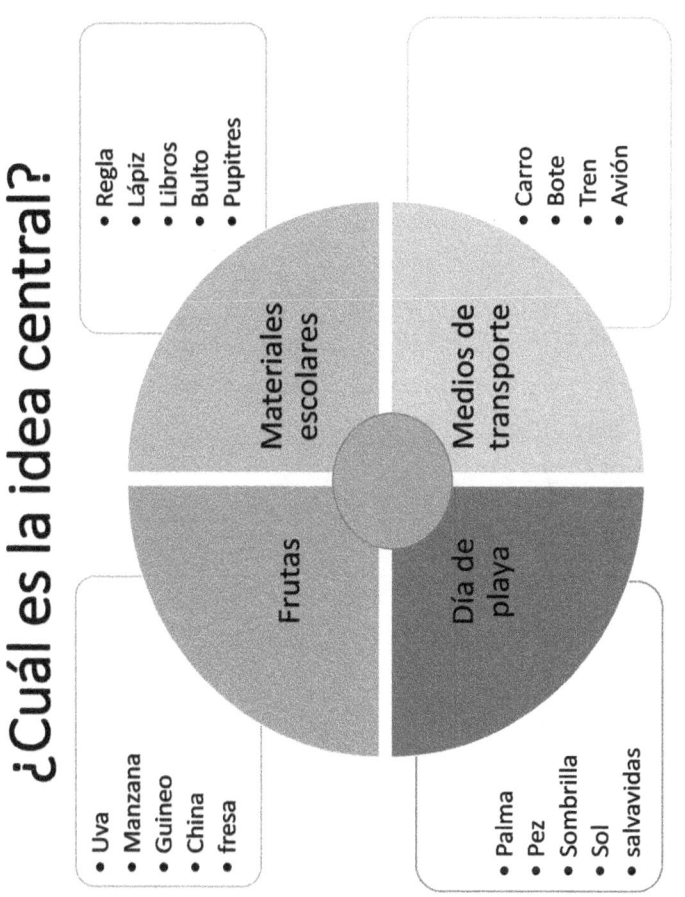

Figura 19a. Esquema que ilustra cómo apoyar la idea central

Nombre: _____   Fecha: _____

Texto: _____   Autor: _____

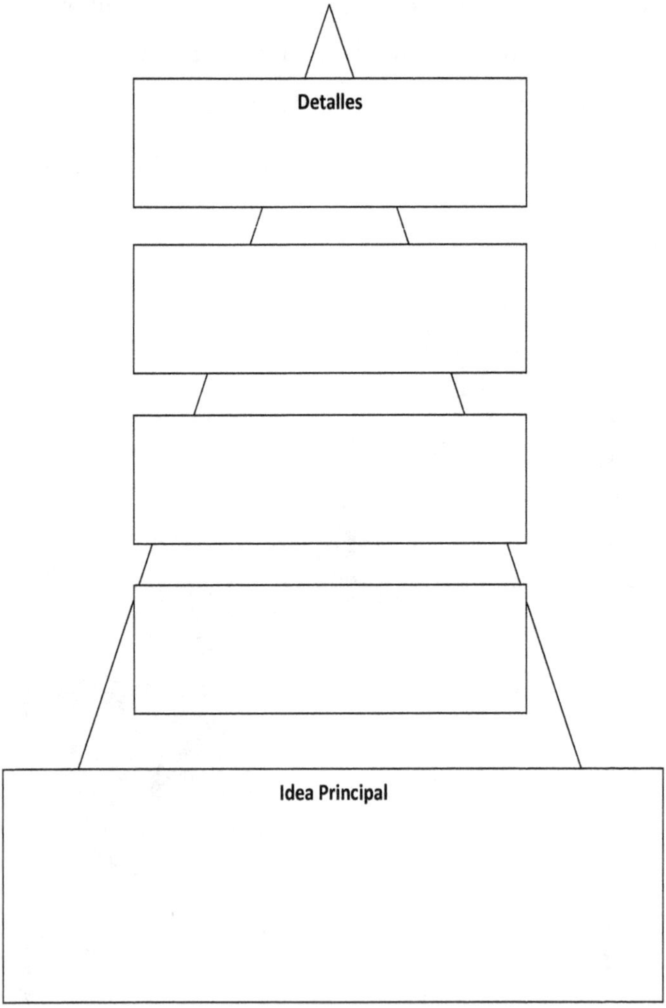

Detalles

Idea Principal

Figura 19b. Esquema que ilustra cómo apoyar la idea central

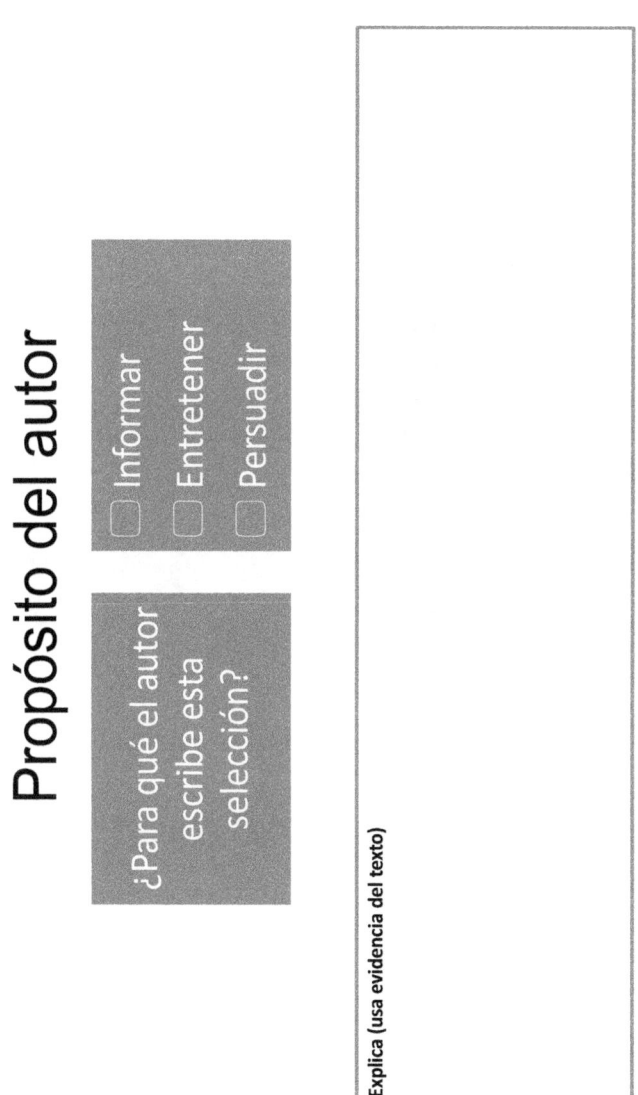

Figura 20. Esquema que ilustra cómo inferir el propósito del autor

estructura interna para lograr otro tipo de comprensión. Veamos los siguientes. *(Figura 21a, 21b, 21c)*

Algunos autores (Adams, 1990; Bobbitt, 2001; Brandáo

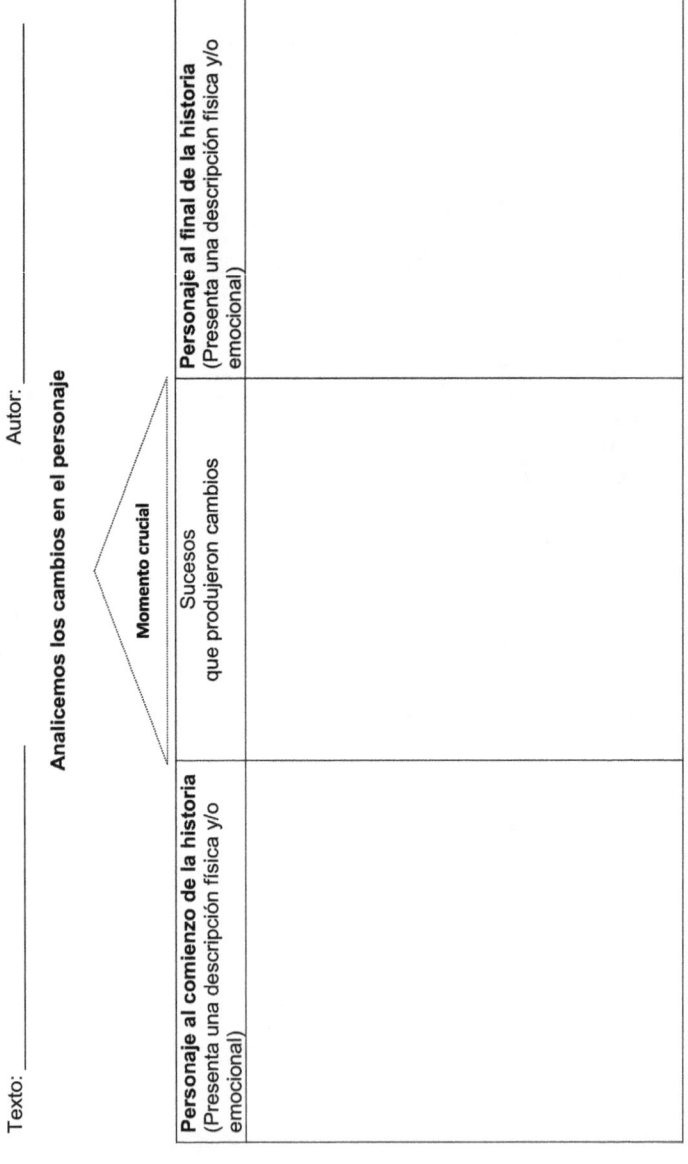

Figura 21a. Esquema que ilustra cambios en el personaje (causa y efecto)

Nombre: _____   Fecha: _____

Caracterización de los personajes

Título: _____   Autor: _____

| Protagonista | Antagonista | Secundario | Alegórico |

- ¿Qué piensa?
- ¿Qué siente?
- ¿Qué hace?
- Hacia dónde se dirige
- ¿Cuál es su meta?

Figura 21b. Esquema que ilustra cambios en el personaje (causa y efecto)

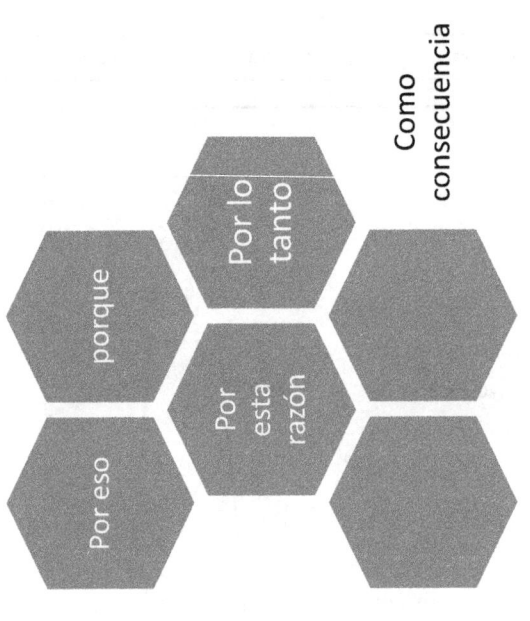

Figura 21c. Esquema que ilustra relación entre las palabras y los conceptos causa y efecto

& Galváo, 1998; Duque, Vera & Hernández, 2010; Goodman, 1994; Pallicer, 2006; Perdomo, Pinzón & Prieto, 2007; Saracho, 2002; Stahl & Yaden, 2004 & Teberosky & Tolchinsky, 1998) han demostrado interés por el desarrollo cognitivo de los niños en los procesos de comprensión lectora y la importancia de estas primeras experiencias en la vida de un individuo, como también se ha relacionado el desarrollo cognitivo y su implicación en la lectura (Adams, 1990) y la relación que existe entre la alfabetización temprana y su relación con las estrategias de instrucción (Bobbitt, 2001). También, podemos citar a Saracho (2002) quien estudió cómo se promueve la alfabetización en el contexto del juego. Stahl y Yaden (2004) al igual que Teberosky y Tolchinsky (1998), describieron las etapas de alfabetización temprana y presentaron la disparidad que existe entre lo que se enseña y lo aprendido debido a los procesos internos de asimilación por parte del estudiante.

Esto nos lleva a pensar en elegir estrategias que estimulen la parte lúdica y la creatividad del estudiante. Es por eso que el siguiente organizador gráfico fomenta el uso del dibujo, para recrear la historia según el lector la ha reconstruido en su mente. *(Figura 22)*

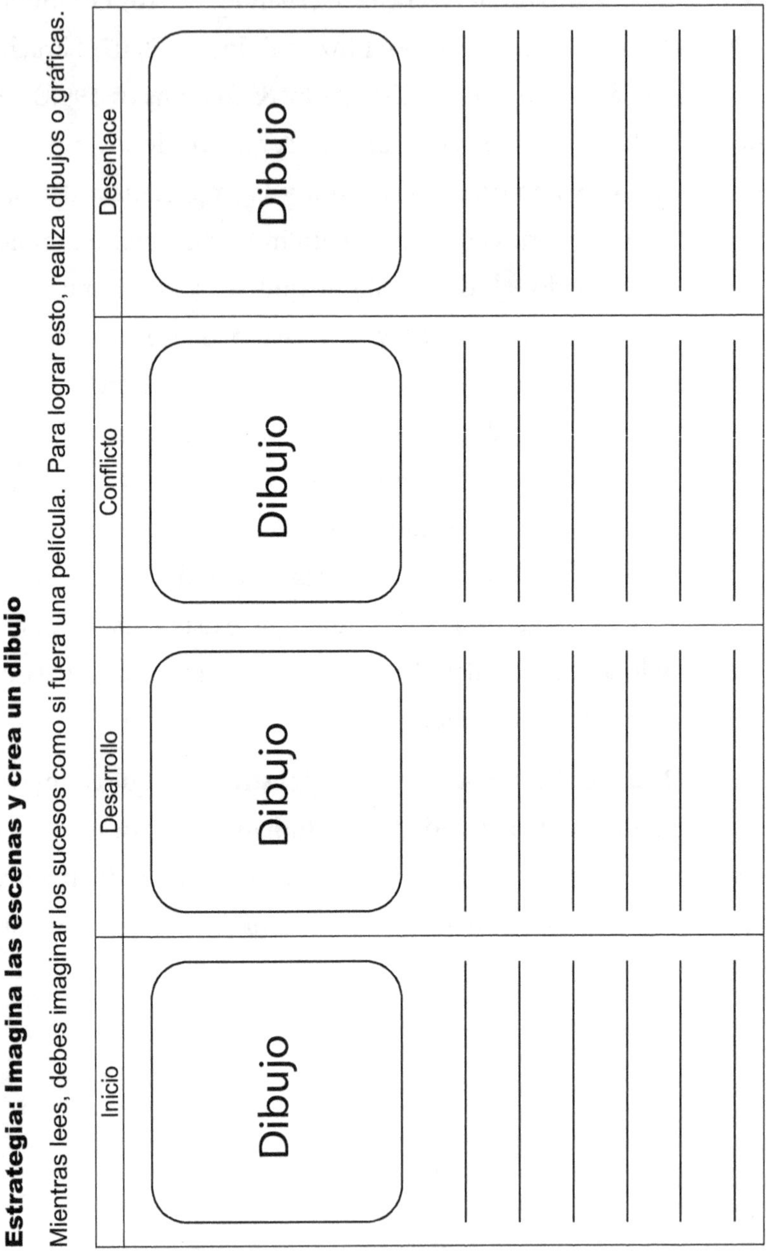

Estrategia: Imagina las escenas y crea un dibujo

Mientras lees, debes imaginar los sucesos como si fuera una película. Para lograr esto, realiza dibujos o gráficas.

Inicio	Desarrollo	Conflicto	Desenlace
Dibujo	Dibujo	Dibujo	Dibujo

Figura 22. Esquema que ilustra la estrategia imagina las escenas

Leo, pienso y critico

Después de considerar algunas investigaciones (Villarini, 1989 y 1987; Acevedo, 1991; Alemán, 1989 y Cassany, 2005, 2004 y 2003) y un análisis crítico de mi propia práctica, tomo en consideración algunos ajustes que entiendo pertinentes y propongo la práctica *Leo, pienso y critico* para desarrollar destrezas de pensamiento crítico en los niños. La misma contiene tres fases: *recibir información, procesar información y producir información* que se describirán a continuación.

La estrategia *Leo, pienso y critico*, consiste en leer cuentos infantiles y producir críticas literarias sobre lo leído. La estrategia se presenta en tres fases que ayudan a organizar y estructurar el aprendizaje de los estudiantes hasta que ellos se apropien del mismo.

Considerando la dimensión de los procesos cognitivos de la taxonomía de Bloom y revisada por Anderson (1999), ésta comprende seis destrezas que se organizan desde la más simple a la más compleja: recordar, comprender, aplicar, analizar, evaluar y crear. Por lo tanto, mediante las fases: recibir información, procesar información y producir información de la práctica educativa que se propone, el estudiante recuerda, aplica y analiza para comprender la lectura y finalmente evalúa y crea al reaccionar de manera escrita sobre lo leído. De esta manera, mediante la estrategia educativa *Leo, pienso y critico*, aspiramos a que el estudiante pase por todos los niveles de pensamiento para desarrollar destrezas de pensamiento crítico.

La estrategia *Leo, pienso y critico*, se recomienda para cualquier grado (de primero a tercer grado); tomando en consideración el nivel de desarrollo cognitivo de los estudiantes porque se espera que los estudiantes se hayan iniciado en la lectura.

Además, la estrategia se propone con la intención de estimular el desarrollo del pensamiento crítico desde temprana edad, porque solo así el hombre puede hacerse dueño de su propia conciencia racional como de su escenario histórico e ideológico. Por otro lado, a temprana edad se dota al estudiante con las herramientas necesarias para vivir en un mundo socialmente desarrollado.

Primera fase: Recibir información

Durante esta fase se realizarán dos actividades: lectura compartida por parte del maestro y lectura individual por parte del estudiante porque se entiende que en ambas actividades o procesos de lectura, el estudiante recibirá información. En la primera fase, el maestro realizará una lectura compartida de un cuento infantil y mediante preguntas dirigirá la discusión del cuento hacia uno de los rasgos o elementos del discurso narrativo corto que se va a enfatizar durante ese día. De esta manera, durante la discusión oral el maestro logrará que los estudiantes expongan argumentos críticos del elemento del cuento y a la vez se familiaricen con la construcción literaria del mismo. Algunas preguntas que pueden guiar este proceso son: ¿cómo se describe el elemento (personaje, ambiente, conflicto o solución) del cuento?, ¿por qué es necesario describir el elemento del cuento de esa manera, ¿qué busca enseñarnos el autor mediante este cuento?, ¿cómo las ilustraciones nos ayudan a entender el cuento?, etc.

Además, durante la lectura compartida el maestro inducirá el aprendizaje mediante diferentes estrategias didácticas con el propósito de lograr la comprensión lectora. Por ejemplo, en la pre-lectura se pueden emplear algunas técnicas para activar el conocimiento previo del estudiante. Estas técnicas pueden consistir en preguntas previas, formulación del propósito, mirada preliminar estructurada y predicción, discusión del tema central, lluvia de ideas, mapas semánticos, guías de anticipación de lectura y algunas tablas de exploración.

Por otro lado, durante la lectura, el maestro estimulará la interacción entre el lector y el texto modelando la lectura y haciendo uso de las claves auxiliares para la lectura (grafofónicas, sintácticas, semánticas y pragmáticas), con el fin de facilitar el acceso léxico para la comprensión lectora. Algunas prácticas que se pueden emplear al modelar la lectura será pensar en voz alta y regresar a las áreas que pueden ser problemáticas para la comprensión del texto. Además, en esta fase, el maestro guiará al estudiante a cotejar sus predicciones, inferencias, conexiones entre otros procesos. También se guiará al estudiante hacia la reflexión sobre lo que aprendió mediante la lectura, y se incorporarán los niveles del pensamiento crítico al llegar a conclusiones, emitir juicios, sintetizar y evaluar.

Después que los estudiantes pasen por la experiencia de análisis oral con ayuda del maestro, se procederá a que los estudiantes seleccionen un cuento de los que previamente serán evaluados por el educador. El maestro realizará una primera selección buscando que los cuentos sean adecuados para argumentar sobre el elemento del cuento que se discutirá durante ese día.

Segunda fase: Procesar información

Para procesar la información, los estudiantes tienen la oportunidad de explorar, leer y releer un cuento de su selección. En esta fase se espera que los estudiantes apliquen varias estrategias para comprender, interpretar, evaluar y apreciar los textos; que utilicen sus experiencias previas, sus interacciones con otros lectoescritores, su conocimiento del significado de las palabras y de las características de la letra impresa (sonidos, correspondencia letra-sonido, estructura de la oración, contexto y gráficos), conocimientos acerca de la estructura del lenguaje, convencionalismos (puntuación y deletreo), medios para crear, criticar y discutir textos impresos y no impresos. También se espera que los estudiantes formulen hipótesis, inferencias y predicciones sobre la lectura para finalmente comprobar sus hipótesis, inferencias y predicciones sobre la lectura. De esta manera, en la fase procesar información los estudiantes deben comprender los diversos aspectos (éticos, estéticos…) de la experiencia humana a través de la literatura infantil.

Tercera fase: Producir información

La fase producir información consiste en que los estudiantes reaccionen a la lectura de manera escrita. La redacción escrita implica desarrollar una crítica literaria mediante cuatro plantillas que se diseñaron con este propósito. Cada plantilla corresponde a un elemento de la narrativa. Es decir, hay una plantilla para criticar el personaje principal, una para criticar el ambiente, una para criticar el conflicto y otra para criticar el desenlace.

Estas plantillas, mediante preguntas, permitirán organizar las ideas para realizar la crítica literaria. Cada plantilla contiene aproximadamente 13 preguntas. Algunas preguntas son cerradas y otras son de carácter abierto. También las plantillas proveen espacio para escribir las contestaciones y realizar dibujos creativos que corresponden a las contestaciones.

Podemos concluir que desarrollar el pensamiento crítico desde temprana tiene sus ventajas.

- interpretar las diversas experiencias vividas a lo largo de la vida y como consecuencia hacerlas significativas.

- desarrollar de la capacidad para plantearse problemas y solucionarlos para tomar decisiones y trazar metas.
- aumentar la capacidad para convivir y cooperar con otros seres humanos al trascender las diferencias culturales, las ideas y los valores.
- preparar al educando para la coexistencia en la vida pública y democrática y, así lo incorpora efectivamente en el mundo del trabajo.
- contribuir al éxito académico, ya que capacita al individuo para adquirir y hacer uso del conocimiento que logra en las diversas materias para luego alcanzar el éxito profesional.

como también la estrategia misma **Leo, pienso y critico** tiene sus fortalezas:

- La enseñanza está centralizada a desarrollar el pensamiento crítico,
- El proceso se da de manera estructurada y sistemática.
- Se toma en consideración el nivel de desarrollo de los estudiantes, los intereses de lectura y las prácticas apropiadas de lectura que proponen las recientes investigaciones.

Sin embargo, como toda creación curricular, la práctica educativa **Leo, pienso y critico** también tiene algunas desventajas o problemas que se pueden enfrentar. Por ejemplo,

- No contar con el material (libros) necesario para ejecutarla.
- No poseer el tiempo suficiente para trabajar la estrategia

consecuentemente según las etapas que se proponen.
- Que el educador desconozca las claves auxiliares para la comprensión lectora y el proceso lector, y no pueda modelar.

Como elemento complementario a la estrategia **Leo, pienso y critico** se emplea el uso de críticas literarias desde temprana edad. Para esto, a continuación, se incluye un conjunto de plantillas que viabilizarán este fin.

Las críticas literarias

Se ha demostrado que las críticas literarias estimulan un alto nivel de pensamiento, como es la evaluación del texto (Rivera, 2015). Mediante la crítica literaria, el estudiante evalúa el conflicto de la narración para observar las propuestas o alternativas que él puede presentar para solucionar el problema. Por lo tanto, la crítica literaria se torna en un instrumento para desarrollar el proceso de comprensión lectora, ya que el estudiante la usa para argumentar y establecer ideas a base de lo leído.

Meters (1991) señaló que el pensamiento crítico es consciente y como resultado se puede esperar una evaluación de los argumentos que presenta un texto. La argumentación sirve para defender la interpretación que se ha obtenido mediante planteamientos de manera clara, sencilla, ordenada y adaptado a las circunstancias (texto). Con este ejercicio de redacción, no tan solo el estudiante evalúa la interpretación, sino que también pasa por un proceso de creación, al plasmar de manera sencilla y organizada las ideas que plantea.

Arnox (1996) expone que la crítica literaria permite al estudiante construir una imagen del discurso escrito. Él menciona que el autor del mensaje, a través de su discurso, construye una imagen de sí tanto al mostrarse como objetivo; apasionado, se-guro, enérgico o tímido; como al emitir juicios apreciativos y asignar o no credibilidad a las opiniones de los otros. De esta manera, la crítica literaria se convierte en una estrategia adecuada para facilitar la comprensión de un texto. A continuación se presentan cuatro modelos de críticas literarias que responden a los elementos de la narración. Es decir, hay una crítica para abordar la construcción del personaje, otra para el ambiente, una para el conflicto y otra para el desenlace. Estos modelos de críticas literarias pueden ser usados con niños desde los 6 años de edad. En un principio se recomienda trabajarlo de manera oral o con ayuda del maestro hasta ir poco a poco exhortándolo a realizar el trabajo de manera independiente cuando ya se dominan los conceptos.

Comprensión Lectora: Un Regalo para la Vida

Plantillas para guiar la redacción de críticas literarias
Crítica literaria #1: Protagonista (Personaje principal)

Nombre: _____ Fecha: _____

Título: _____

Autor: _____

Ilustrador:
_____

Año de publicación: _____ Casa editora: _____

¿Quién es el personaje principal del cuento? _____ _____

Describe a este personaje.

¿Cómo es físicamente?	¿Cómo es emocionalmente?

¿Crees que las características del personaje son importantes para la historia? Circula tu respuesta.

Si   No

¿Por qué? _____
_____
_____

¿Qué características posee el protagonista que le permiten resolver el conflicto? ¿Por qué?
UTILIZA EL TEXTO PARA APOYAR TUS IDEAS

_____
_____
_____
_____

¿Consideras que el autor hizo una buena descripción del personaje principal a través del cuento? Circula tu respuesta.

Si   No

¿Por qué? _____
_____
_____

¿Consideras que el ilustrador realizó una buena ilustración del personaje principal? Circula tu respuesta.

Si   No

¿Por qué? _____
_____
_____

¿Qué valores morales se aprenden por medio de las acciones de los personajes? UTILIZA EL **TEXTO PARA APOYAR TUS IDEAS**

_____
_____
_____
_____

¿Cambiarías alguno de los personajes de este cuento? Circula tu respuesta.

Si   **No**

¿A cuál? _____

¿Por qué? _____
_____
_____

Inventa otro personaje para este cuento y dibújalo.

Describe el personaje que has inventado para este cuento. Recuerda que tu descripción debe considerar aspectos físicos y emocionales. Puedes utilizar otro papel si es necesario.

_____
_____
_____
_____
_____
_____
_____
_____

¿Cómo cambiaría la historia al sustituir, añadir o eliminar este personaje?

_____
_____
_____
_____
_____
_____
_____
_____

Crítica literaria #2: Ambiente (lugar)

Nombre: _____ Fecha: _____

Título: _____
Autor: _____
Ilustrador: _____
Año de publicación: _____ Casa editora: _____

¿Dónde se desarrolla el cuento? _____
El ambiente del cuento es... _____

Describe el ambiente
_____
_____
_____
_____
_____
_____

Dibuja el ambiente que se describe en el cuento

¿Crees que el ambiente es importante para esta historia? Marca tu respuesta

SI _____   NO _____

¿Por qué? _____
_____
_____

¿Crees que el personaje se hubiera comportado de la misma manera en otro ambiente? ¿Por qué?
_____
_____
_____
_____
_____

¿Consideras que el autor hizo una buena descripción del ambiente a través del cuento? Marca tu respuesta

SI _____   No_____

¿Por qué? _____
_____

¿Consideras que el ilustrador realizó buenas ilustraciones del ambiente? Marca tu respuesta

SI _____   No_____

¿Por qué? _____
_____

¿Cambiarías alguna de las ilustraciones del ambiente?

SI _____   No_____

¿Por qué? _____
_____

Haz tu propia ilustración sobre el ambiente

Describe el ambiente que dibujaste. Recuerda que una buena descripción se realiza cuando usas todos tus sentidos. Imagina el olor, color, forma y textura de cada elemento que aparezca en tu ambiente. Puedes utilizar otro papel de ser necesario.

_____
_____
_____
_____
_____

Crítica literaria #3: Conflicto (problema)

Nombre: _____   Fecha: _____

Título: _____
Autor: _____
Ilustrador: _____
Año de publicación: _____   Casa editora: _____

¿Cuál es el conflicto o problema del cuento?

¿Qué pasó?
_____
_____
_____
_____
_____
_____

¿El autor explicó bien el conflicto a través del cuento? Circula tu respuesta

SI   NO

¿Crees que el conflicto es real o imaginario? ¿Puede pasar esto en la realidad ? tu respuesta

SI   NO

¿Por qué? _____
_____

¿Qué mensaje lleva el autor a través de este conflicto ?_____
_____

¿Por qué es importante llevar este mensaje? _____
_____

¿Puedes inventar otro conflicto para esta historia? Circula tu respuesta

SI   NO

Deja volar tu imaginación y escribe otro posible conflicto para esta historia. recuerda hacer buen uso del lenguaje para que este conflicto sea llamativo y emocionante para el lector. No limites tu trabajo y usa otro papel si es necesario.

_____
_____
_____
_____
_____
_____

Escribe una solución para tu conflicto. Recuerda: No limites tu trabajo y usa otro papel si es necesario.

_____
_____
_____
_____
_____
_____
_____

Ilustra el conflicto que has creado

Ilustra la solución al conflicto que has creado.

Crítica literaria #4: final de la historia (desenlace)

Nombre: _____   Fecha: _____

Título: _____
Autor: _____
Ilustrador: _____
Año de publicación: _____   Casa editora: _____

¿Cuál es el final del cuento?
_____
_____
_____
_____
_____

¿Crees que el final es apropiado para la historia? Circula tu respuesta.

SI   NO

¿Por qué? _____
_____

¿Crees que el problema de la historia se resuelve?
¿Por qué? _____
_____

¿Crees que el autor logra llevar un mensaje a través del final de esta historia? ¿Por qué?
_____

¿Consideras que esta historia podría tener otro final? Circula tu respuesta.

SI   NO

Deja volar tu imaginación y escribe otro final para la historia.
_____
_____
_____
_____
_____
_____

Haz un dibujo para ilustrar tu final

Palabras finales

El avance en la enseñanza de la comprensión lectora debe concebirse en la educación no como una técnica, si no como una constatación continua de la eficacia de nuestras prácticas educativas y los procesos didácticos; así como en los resultados que obtienen los alumnos. Esto requiere de una sistematización en el análisis y de criterios conceptuales que exijan ir más allá de lo que pueda estar bien o mal. En otras palabras, se necesita aspirar a mucho para lograr algo y mediante un proceso organizado, estructurado y monitoreado, se logrará el producto que se requiere. Es por eso, que propongo fomentar el uso de las estrategias aquí descritas para que los niños puedan cuestionar el texto que leen desde sus inicios y así desarrollar el pensamiento crítico. Solo así se brindará la oportunidad de entrar en un largo diálogo con el texto y cada palabra tendrá influencia sobre el lector.

Cuando las palabras cobren vida y transformen al lector, el proceso de lectura se convertirá en el ejercicio de excelencia con el cual se pueda viajar, soñar, pensar, tomar buenas decisiones y sobre todo crear. Toda lectura debe servir para la vida porque con ella conformamos seres humanos pensantes y críticos. Reafirmamos lo que somos cuando entramos en una relación de escuchar y responder cada vez a lo que presenta un texto.

Las estrategias que te presenté forman parte de mi quehacer didáctico y me dieron buenos resultados. Por eso, te invito a utilizarlas.

Referencias

Cervetti, G., Pardales, M. J., & Damico, J. S. (2001, April). A tale of differences: Comparing the traditions, perspectives and educational goals of critical reading and critical literacy. Reading Online 4(9). Recuperado de http://www.readingonline.org/articles/art_index.asp?:HREF=/articles/cervetti//index.html

Chance, P. (1986). Thinking in the classroom: A survey of programs. New York: Teachers College.

Cassany, D., Luna, M., & Sanz, G. (1994). Enseñar lengua. Barcelona: Graó.

Bobbitt, N. S. (2001). Constructing literacy in the kindergarten: Task structure, colaboration and motivation. Cognition and Instruction 19(1), 95-142.

Brandáo y Galváo. (1998). Aspectos generales y específicos en la producción de textos. Recife: Universidad Federal de Pernambuco.

Camargo de Ambia, I. (1994). Mejoramiento de la comprensión lectora: Ejercitación de tres técnicas integradas en alumnos de educación primaria. Lectura y Vida, 15(2), 11-20.

Dubois, M. (2001). El proceso de lectura: De la teoría a la práctica. Argentina: Editorial Aique Didáctica.

Duque Aristizábal, C. A., Vera Márquez, A., & Hernández Gutiérrez, A. P. (2010). Comprensión inferencial de textos narrativos en primeros lectores: Una revisión de la literatura. Revista OCNOS, (6), 35-44. Recuperado de http://www.revista.uclm.es/index.php/ocnos/article/view/190/0

Facione, P.A. (2003). Mesa redonda sobre pensamiento crítico. Universidad Central de Chile. Recuperado de http://www.ucentral.cl/Sitio%20web%202003/htm%20mr/mrpensamiento%20critico.htm el 1 de octubre 2004.

Gelman, S. A., & Markman, E. (1987). Young children's inductions from natural kinds. The role of categories and appearences. Child Development, 58(6), 1532-1541. doi:10.2307/1130693

Gelman, S. A., & O'Reilly, A.W. (1988). Children's inductive inferences within superordinate categories: The role of language and category structure. Child Development, 59(4), 876-887. doi:10.2307/1130255

Goodman, K. (1994). Reading, writing, and aritten text: A transactional sociopsycholinguistic view. In R.B. Ruddell, M. R. Ruddell & H. Singer (Eds.), Theoretical models and processes of reading (pp. 1093-1130). Newark, DE: International Reading Association.

Goodman, K. (2005). Sobre la lectura, una mirada de sentido común a la naturaleza del lenguaje y la ciencia de la lectura. México: Editorial Paidós Mexicana.

Goodman, Y. M. (1991). Los niños construyen su lectoescritura: Un enfoque Piagetano. Argentina: Aique.

Graesser, A. C., Singer, M., & Trabasso, T. (1994). Constructing inferences during narrative text comprehension. Psychological Review, 101(3), 371–395. Recuperado de http://www.memphis.edu/psychology/graesser/publications/documents/graesser1994.pdf

Ibáñez, R. (2012). La comprensión del discurso escrito: Una propuesta teórico-metodológica para su evaluación. Revista Signos, 45(78), 20-43. Recuperado de http://www.scielo.cl/scielo.php?script=sci_arttext&pid=S0718-09342012000100002

Kintsch, W. (1988). The role of knowledge in discourse comprehension: A construction-integration model. Psychological Review, 95(2), 163-182.

Kintsch, W. (1998). Comprehension: A paradigm for cognition. Nueva York: Cambridge University Press.

Kintsch, W. (2001). Predication. Cognitive Science: A Multidisciplinary Journal, 25(2), 173-202. doi: 10.1207/s15516709cog2502_1

Kurland, D. J. (2003). Critical reading v. critical thinking. Recuperado de http://www.criticalreading.com/critical_reading_thinking.htm

León, J. A. (2000). Mejorando la comprensión y el aprendizaje del discurso escrito: Estrategias del lector y estilos de escritura. En J. I. Pozo & C.

Monereo (Coords.), El aprendizaje estratégico: Enseñar a aprender desde el currículo (pp. 153-169). Madrid: Santillana.

León, J. A. (2003). Conocimiento y discurso: Claves para inferir y comprender. Madrid: Ediciones Pirámide.

León, J. A. (2009). Neuroimagen de los procesos de comprensión en la lectura y el lenguaje. Psicología Educativa, 15(1), 61-71.

León, J. A., & Escudero, I. (2004). Procesamiento de inferencias según el tipo de texto. Recuperado de http://userpage.fuberlin.de/vazquez/vazquez/LEON%20Y%20ESCUDERO.pdf

León, J. A., Otero, J., & Graesser, A. C. (Eds.). (2002). The psycology of science text comprehension. Mahwah, NJ: Lauwrence Erlbaum.

Martínez, C.M. (mayo, 2004). El procesamiento multinivel del texto escrito: ¿Un giro discursivo en los estudios sobre comprensión de textos?. Ponencia presentada en Primer Congreso Nacional de Lectura y Escritura en México. Recuperado el 22 de septiembre de 2011 de http://www.oei.es/fomentolectura/procesamiento_multinivel_texto_escrito_martinez.pdf

Molina Iturrondo, A. (2001). Leer y conversar sobre los cuentos favoritos: La lectura dialógica en la alfabetización temprana. Lectura y Vida 22(1), 6-23.

Morales, A. M., Amat, Y., Donis, Y., & Urquhart, R. (1997). Resolución de problema de procesamiento de la información durante la lectura. Lectura y Vida, 18(3): 13-22.

Marín, M. (2006). Alfabetización académica temprana. Lectura y Vida 27(4), 30-39.

Nieto, O. (25 de mayo de 2011) En palabras más simples ¿Cómo se comprende? [Mensaje en un blog]. Recuperado de http://lecturaycomprension.wordpress.com/2011/05/25/en-palabras-massimples-%C2%BFcomo-se-comprende/

Nieto, O. (10 de septiembre de 2012). Un ejemplo metodológico con explicación I parte.[Blog] Recuperado de http://lecturay-comprension.wordpress.com/2012/09/10/un-ejemplometodologico-con-explicacion-i-parte/

Ortiz, A. (2007). Diseño y evaluación curricular. Río Piedras, Puerto Rico Editorial Edil, Inc.

Pappas, C.C. (1993). Is narrative "primary"? Some insights from kindergartners´ pretend readings of stories and information books. Journal of Reading Behavior, 25(1), 97-129.

Peronard, M. (1992). La comprensión de textos escritos como proceso estratégico. In A. Bocaz (Ed.), Actas del primer simposio sobre cognición, lenguaje y cultura: Diálogo transdisciplinario en ciencia cognitiva (pp. 89-102). Santiago: Editorial Universitaria.

Rakison, D. (2006). Make the first move: How infants learn about self propelled objects. Developmental Psychology, 42(5), 900-912. doi:10.1037/0012-1649.42.5.900

Rivera, C. (2015). De la comprensión lectora al pensamiento crítico: un estudio de caso de una niña de edad temprana. Tesis inédita. Universidad de Puerto Rico, Recinto de Río Piedras.

Rosenblatt, L. (1994). The transactional theory of reading and writing. In R. B. Ruddell, M. R. Ruddell & H. Singer (Eds.), Theoretical models and processes of reading (pp. 1057-1092). Newark, DE: International Reading Association

Rosenblatt, L. (1996). La teoría transaccional de la lectura y la escritura. Buenos Aires, Argentina: Asociación Internacional de Lectura.

Rudell, R. B., Rudell, M. R., & Singer, H. (Eds.). (1994). Theoretical models and processes of reading. Newark, DE: International Reading Association.

Ruff, H. A. (1984). Infants´ manipulative exploration of objects: Effects of age and object characteristics. Developmental Psychology, 20(1), 9-20. doi: 10.1037/0012-1649.20.1.9

Ruiz, D. (2001). La alfabetización temprana en el ambiente preescolar: Nuevas perspectivas para aprender a leer y escribir. San Juan, PR: First Book Publishing of PR.

Sáez Vega, R., Cintrón de Esteves, C. M., Rivera Viera, D., Guerra Lozano, C., & Ojeda O´neill, M. (1999). Al son de los tiempos: Procesos y prácticas de la lectoescritura. Santo Domingo, RD: Editorial Centenario.

Saracho, O. (2002). Teachers roles in promoting literacy in the context of play. Early Child Development and Care, 172(1), 23-34.

Smith, F. (1975). Comprehension and learning a conceptual framework for teachers. New York: Holt, Rinehart and Winston.

Solé, I. (1995). El placer de leer. Lectura y Vida, 16(3), 1-9.

Stahl, S. A., & Yaden, D. B., Jr. (2004). The development of literacy in preschool and primary grades: Work by the center for the improvement of early reading achievement. Elementary School Journal, 105(2), 141-165.

Teberosky, A., & Tolchinsky Landsmann, L. (1995). Más allá de la alfabetización: El conocimiento fonológico, la ortografía, la composición de textos, la notación matemática y el aprendizaje. Buenos Aires: Santillana.

Van Dijk, T., & Kintsch, W. (1983). Strategies of discourse comprehension. New York: Academic Press.

Vélez Ramos, Y. Z. (2004). ¡Soy maestra! La transformación de una maestra de la niñez temprana que descubrió la lectoescritura (Tesis de maestría inédita). Universidad de Puerto Rico, Río Piedras.

Sobre la autora

Carmen Iris Rivera Ayala nació en el pueblo de Luquillo, lugar donde vio el Sol por primera vez, acarició el rocío de la mañana con fresco aire de su sierra (El Yunque), apreció el aroma a café y a hierba recién cortada como también allí aprendió a amar junto a las aguas cristalinas de sus hermosas playas. Desde niña, soñó con ir a la Universidad. A los 24 años terminó su bachillerato en Artes de la Educación con especialidad en Español y obtuvo el reconocimiento académico de Magna Cum Laude. En el mismo año 1998, comenzó a estudiar una maestría en Lingüística hispánica de la Universidad de Puerto Rico que culminó en el 2005 con un grado sobresaliente. Realizó un estudio de caso sobre la adquisición de estructuras sintácticas subordinadas en el español como lengua materna y presentó el estudio en la Universidad Nacional Autónoma de México.

Mientras realizaba estudios de maestría, laboró como Coordinadora Auxiliar en el Proyecto para la alfabetización temprana de la Facultad de Educación durante los años 1998-2008. Siempre ha realizado servicios comunitarios, en los cuales se observa su labor docente como eje fundamental. En el 2014, el Senado de Puerto Rico reconoció su labor educativa en una Proclama por colaborar como tallerista educativo con el país hermano de Guatemala. Completó sus estudios doctorales en el 2015 con la investigación: ***De la comprensión lectora al pensamiento crítico: un estudio de caso de una niña de edad temprana***. Desde entonces, se ha destacado como conferenciante acerca de temas educativos, colabora en proyectos de *I Learn* (educación global) e imparte curso de la enseñanza de la Gramática y redacción en el Departamento de Programas y Enseñanza de la Facultad de Educación de la Universidad de Puerto Rico.

www.ingramcontent.com/pod-product-compliance
Lightning Source LLC
LaVergne TN
LVHW041626070426
835507LV00008B/469